나는 간호사입니다

이 도서의 국립중앙도서관 출판시도서목록(CIP)은 e-CIP 홈페이지 (http://www.nl.go.kr/ecip)에서 이용하실 수 있습니다. (CIP 제어번호 : CIP2020000638)

나는 간호사입니다

2020년 1월 15일 초판 1쇄 발행
2022년 6월 30일 초판 2쇄 발행

지은이 | 이순행
펴낸이 | 孫貞順
펴낸곳 | 도서출판 모아드림
　　　 (03756) 서울 서대문구 북아현로6길 50
　　　 전화 | 02)365-8111~2 팩스 | 02)365-8110
　　　 이메일 | morebook@naver.com
　　　 홈페이지 | www.cultura.co.kr
　　　 등록번호 | 제2-2264호(1996.10.24)

편집 | 이승철 손희 설재원
디자인 | 오경은 박근영
영업 | 박영민
관리 | 이용승

ISBN 978-89-5664-181-2 03810

잘못된 책은 구입하신 서점에서 바꾸어 드립니다.

값 12,000원

나는 간호사입니다

이순행 시집

모아드림

■ **시인의 말**

간호에 대한 묵상

간호사는

폭풍 속에서
방향을 잃고 헤매는 배를
목적지까지 안전하게 인도하는
등대입니다

한 생명이
세상의 문을 여는
탄생의 순간에도

그 아이가 성장하여
어른이 되고

세월이 흘러
황혼의 나이가 될 때까지

삶을 마무리하는
마지막 순간을 배웅하며

인생을 배우고
삶의 의미를 깨닫고
죽음을 겸허히 받아들이게 되는

간호는
거룩한 영향력을 지닌
가장 성스러운 일입니다

차 례

시인의 말

1부
간호사, 당신은 누구인가요?

간호사로 산다는 것 17
간호사, 당신은 누구인가요 19
만일 병원에 간호사가 없다면 22
간호사는 아무 감정이 없느냐구요 24
간호사의 손 26
또 하나의 손 28
흡인간호 29
약손 30
엄마 마음 32
FUO(Fever Unkown Origin) 35
나는 간호사입니다 36
하늘에 닿은 정성 38
중년부인의 우울증 40
잉꼬 부부 42
사지마비 환자의 바램 44
다시 찾아 온 환자 46
면회 47
귀요미 할머니 48
딸기 50
기초생활수급자 51
편견 53
어버이날 병동 순회 공연 56

2부
내가 환자가 되어보니

내가 수술 받던 날 61
내가 환자가 되어보니 64
중환자실로 날아 온 택배 66
차라리 죽여주세요 69
왜 자살하느냐구요? 70
마지막 순간 72
반지이야기 74
박사학위를 받을 때까지 77
보호자의 편지 78
사산 81
소풍 떠나던 날 83
입원비 86
마지막 미국 여행 88
엄마 같은 환자 90
섹시한 할머니 93
너무 미운 환자 95
가족관계 97
누굽니까 99
의료질관리 101

3부
신입간호사에게

신입간호사 입사 면접 105
어느 신입간호사 107
신입간호사의 고백 108
신입간호사의 일기 110
신입들이 받은 칭찬 112
신입간호사의 성장 일기 113
간호사의 연륜 115
다시 만난 간호사 117
사직면담 119
성난 보호자보다 무서운 간호사 122
신입간호사에게(1) 124
신입간호사에게(2) 128
칭찬의 효과 130
믹스커피의 매력 132

4부
중환자실 다이어리

중환자실 앞에서 137
병원 얘기 금지 139
가슴에 남아있는 선배 141
닮고 싶은 선배간호사 144
CPCR Code Blue 146
존경하는 선배 간호사 148
환타 150
면회 준비 153
열정의 손 155
중환자실 다이어리 1 157
중환자실 다이어리 2 159
먼저 길을 떠난 후배간호사 161
초년병 인턴 163
병원이라는 바다 164
멋진 의사 166
50대 의사 168
못난 의사 169
이상한 회의 171
제일 미운 보호자 172

5부
삶의 길목에서

삶 177
행복이란 놈 178
지친 삶 180
인간관계 181
어떻게 죽을 것인가 183
생명의 양식 185
드라마 - 눈이 부시게 187
영화 - 안녕 헤이즐 190
'참을 수 없는 존재의 가벼움'을 읽고 192
두고 간 마음 193
부자 친구 194
묵은지닭볶음탕집 사장님 196
선물 198
Me Too 199
어느 상조회사의 배신 202
후배 204
음악은 206
음악이 있으니 207
나의 노래 208
간호 업무를 마치며 210

간호사, 당신은 누구인가요?

간호사로 산다는 것

30년을 넘게
간호현장에 있다 보니
이전에 알지 못했던 것들이 보입니다

꺼져가는 생명에
불을 켜주는 일이야 말로
하늘이 허락한 사람에게만
주어지는 고귀한 특권임을 알게되었습니다

사람을 돕는다는 기쁨이
선물처럼 느껴져 감사한데

부족한 나를 필요로 하고,
작은 도움에 고마워하고,
귀 기울임에 눈물 흘리는 모습에
제가 더 감동하게 됩니다

매일 매일이
삶의 이야기로 채워집니다

삶과 죽음이 공존하며
생명과 죽음의 의미를
깊게 공감하며
그 경험이 또 누군가를 돕는 자리에 있게 하였습니다

나의 감각을 다 깨워

환자의 움직임을 살피고
상태를 관찰하고
순간순간 회복을 돕고

물을 원하는지,
밥이 먹고픈지,
진통제를 원하는지
세심하게 살펴 필요를 채워주는
엄마마음도 가져봅니다

어느 한 순간도
긴장을 놓지 못하며,
지루할 틈도 없고,
멈춰 설 시간도 허락되지 않는
신성한 일입니다

그래서 오늘도
하늘이 허락하신
신성한 일을 감당하기 위하여
거룩한 부담감으로
간호사 가운을 갈아입고 환자에게로 달려갑니다

아픈 이를 돌보는 일은
신께서 선택하신 이에게만 주시는
특별한 선물이기 때문입니다

간호사, 당신은 누구인가요

간호사를 하려고
대학을 선택했을 때는
누군가를 치유할 수 있다고 생각했습니다

하지만 시간이 흐를수록
죽음의 문턱을 넘는 환자들을
만나게 되고
그럴 때마다
내가 할 수 있는 일은 없다고
생각하게 되었습니다

누군가를
정성스럽게 치유하는 것이 아니라
늘 시간에 쫓기며
무언가를 해치우려는 듯한
저를 보게 되었습니다

환자를 돕는 기쁨도 잠시
점점 더 쌓여가는 일들,
내가 어찌할 수 없는 상황들

처음 가졌던 마음이 점점 더 사그러들어
하루 하루를 지나가는 시간으로 채우고 있을 때
마지막 생명을 이어가던 환자가

저의 가슴을 두들겨댔습니다

아무것도 해준 것이 없어
안타까움뿐이었는데

엷은 미소를 보이며
저에게 고맙다고 인사를 했습니다
곁을 지켜주어 감사하다고
외롭지 않게 해주었다고

그제서야 알게 되었습니다
간호사는
환자의 곁을 지키는 사람이라는 것을

누군가가 탄생하는 순간에
함께 기뻐해주고

누군가가 아픔 때문에 고통스러워하면
같이 아파해 주고

누군가가 마지막 숨을 거두는 순간에
잘 가라고 손잡아 인사해주는

그들이 원하는 것은

그저 곁에 있기만 해달라는 것인데…

아무것도 하지 않아도 됩니다
누군가의 가장 고독한 순간에
함께 하는 이가 있음을
느끼게 해주면 됩니다

지금 가고 있는 길이 외롭지 않게
그저 곁에 있기만 하면 됩니다

만일 병원에 간호사가 없다면

상상해 보셨나요?

밤새워 환자가 평안하게 수면을 취하는지 살피고
새벽을 깨우며 활력징후를 체크하고
무거운 몸을 일으켜 몸무게를 측정하고
하루 종일 섭취하고 배설한 수분량을 계산하고
하루 종일 해야 할 치료계획을 설명하고
아침 점심 저녁 식사도 챙겨주고
휠체어를 찾아 검사를 보내주고
약품과 재료를 챙겨 수술 보내주고
동의서를 확인하여 시술을 챙기고
수술을 다녀 온 환자의 상태를 돌아보고
몸 안에 넣은 튜브의 상태를 확인하고
배액량과 색깔도 눈 여겨 보고
빨리 회복되도록 폐운동도 독려하고
침대 밖으로 나오게 하여 조기 운동도 시키고
혈관주사 라인을 확보하고
시간마다 계획된 약을 챙겨주고
열이 나는 환자 열을 식혀 주고
가래가 많은 환자 흡인도 해주고
통증을 호소하는 환자의 통증을 조절해주고
의식이 오락가락 하는 환자의 의식을 체크하고
환자의 엄청난 궁금증을 해결해주고
보호자의 수많은 요구사항을 들어주고

입원하는 환자 병원생활 안내하고
전동 가야 할 병동으로 정확히 인계하고
잠이 안온다고 우울해 하는 환자 얘기 들어 주고
각종 증명서가 필요하면 서류를 준비해주고
퇴원할 때 필요한 물품을 챙기고
반드시 지켜야 할 주의사항을 교육하고
외래 방문 일정 조정하고
퇴원약 한 꾸러미를 일일이 설명하고
모든 걸 기록으로 남기고

이 일 누가 다 해줄 수 있는 건가요?

간호사는 아무 감정이 없느냐구요

피를 철철 흘리는 환자
사고로 신체 일부가 잘려 나간 환자들을
간호할 때
아무 느낌이 없느냐구요?

우리도 감정이 있는 사람입니다
어찌 아무 느낌이 없겠습니까?

저도 놀랄 뿐입니다
간호사 가운을 입는 순간은
눈앞에 누워 있는 환자만 보입니다
어느새 환자를 위해 달리고 있습니다

스위치에 ON만 누르면
바로 움직이는 로봇처럼

간호사 가운을 입는 순간
자동으로
환자의 엄마가 되었다가
누나가 되기도 하고
친구가 되어주기도 하며
전천후 역할을 다 소화해냅니다

일을 마치고

가운을 벗고
집으로 돌아와
자리에 누우면
피를 철철 흘리던 환자는 살았는지,
신체 일부를 잃은 환자는
수술이 잘 되었는지,
너무 궁금해 합니다
아주 평범한 인간이 되어…

간호사의 손

간호사의 손은 사랑의 손입니다
환자를 부드럽게 만져주었을 뿐인데
환자가 힘을 얻고 일어나니까요

간호사의 손은 약손입니다
시간에 맞춰 투약했을 뿐인데
환자가 회복되어 집으로 가게 되니까요

아마도
너무 바쁜 하나님께서
일일이 사람들을 만져주기 힘드시니
간호사의 손에
그 능력을 넣으시고
이 땅에 보내신 것 같습니다

그래서
부드럽게 만져만 주어도
약을 전달만 하여도
환자들이
벌떡벌떡 일어나는 것이라 생각합니다

그래서
더 큰 마음을 담아
한 사람 한 사람에게

하늘이 보내신 천사로서
하나님의 마음을 전하려 합니다

또 하나의 손

출근하여
환자의 활력징후를 체크하고,
먹는 약 챙기고
주사약 준비하고
검사 보낼 준비를 하고
욕창 예방을 위해 자세도 바꿔주고

헉헉헉
시간은 모자라고…

순간순간
화장실도 가고 싶고
물도 한잔 마시고 싶고
커피 한잔 마시는
여유도 부리고 싶은데

어느 것 하나
놓칠 수 없어
발바닥이 불이 나게
뛰어다니게 되고

그러면서 간절하게 기도하는 것 한 가지는
손이 하나만 더 있으면 좋겠다는 것입니다

흡인간호

모든 환자들의 치료가 잠시 멈춰진
조용한 밤에
어디선가
그르렁거리는 소리가 선명하게 들려옵니다

어쩌나

뽑고 돌아서면
또 들리는 그르렁거리는 소리는
내 마음을 시끄럽게 합니다

저 소리를 없애야만
나는 차분히 챠팅이란걸 할 수 있습니다
안 그러면
계속 그 소리가 가슴을 두들겨 될 것이 뻔하니까요

조금 참아 보려다가
다시 환자에게 다가가
인공호흡기 때문에
기침하기 어려운 환자의 폐에
깊이 박혀 있는
가래를 뽑기 위해

어느새
또 손을 씻고 있습니다

약손

몸무게가 많이 나가는
여자 환자가
몸을 뒤척이며
어찌할 줄을 몰라 합니다

인공호흡기를 걸고
침대에 오래 누워있다 보면
아무리 체위 변경을 해주어도
허리 통증을 호소하는 환자가 많습니다

진통제를 주려고 다가가자
간절한 눈빛으로
나를 바라보고 있습니다

인공호흡기를 걸었으니
정확한 의사소통은 어렵고
계속 허리통증을 호소하며
진통제를 맞는 환자이니

허리를 좀 주물러주겠노라 하고
등 뒤로 손을 밀어 넣어
허리를 주물러주었습니다

어!

잠깐 만졌을 뿐인데
처음 보는 환한 미소를 지으며
가지고 간 진통제를 안 맞겠다고 합니다

어머나!
사람 손이 약손이라더니
정말 약보다 나은 손을
제가 가지고 있었나 봅니다

옆에서 일을 하던 후배가 말합니다
'환자의 허리를 치료하는 방법이
주무르기도 있다는 것을
처음 알았어요.' 라고

엄마 마음

대장암 진단을 받고
치료를 반복하였으나
장출혈이 심해진
여자 환자가 실려왔습니다

급하게 손을 써서
활력징후는 안정되었지만
장출혈이 끊이지 않아
계속 수혈을 하는 상황이었습니다

출혈 때문에
검사와 시술을 반복하였고
인공호흡기와
신장투석기 등으로
연명하는 삶이 시작되었습니다

남편은
공사장에서 일을 하고 있어서
저녁에만 면회를 올 수밖에 없어
늘 미안해하며
아내를 꼭 살려달라고 부탁하였습니다

환자를 잘 부탁한다는 말을
할 때면

눈가에 눈물이 촉촉이 고였습니다
어떡하든 치료비는 낼 터이니
할 수 있는 것은 다 해달라고

하지만 환자의 의식은
한 번도 돌아오지 않았고

이제 더 이상 할 수 있는 치료가 없어서
편안하게 보내드리자고 의논하고
가족들의 면회를 허락하였습니다
친정부모님
시부모님
친한 친지들 모두
오열하며 조용히
인사를 나누었지만
환자는 아는지 모르는지
전혀 반응이 없었습니다

마지막으로
아빠의 손을 잡고
열 살 먹은 딸이 들어왔습니다

딸은 두려움 가득한 얼굴로
엄마를 바라보고만 있었고

아빠가 '엄마'라고 불러 보라하자
울음을 삼키며 떨리는 목소리로
"엄마!"라고 부르는 순간…

환자는 눈을 번쩍 떴습니다

짧은 순간이었지만
어린 딸을 두고
차마 눈을 감을 수가 없었던 모양입니다

지켜보던 우리는
모두 울고 말았습니다

FUO(Fever Unkown Origin)
– 원인불명의 열

열이 펄펄 끓는데
이유는 전혀 모르고
호흡곤란으로 인공호흡기를 달고
의식은 깨어나지 않고

시간이 흐를수록
온갖 군데에서 피가 나고
아무리 흡인을 해내도
끊임없이 피를 토하고

이제 한참을 살아야 하는
젊은 남편은
면회 때마다 울며
아내의 귀에 대고 말합니다

"열심히 공부하고
음악학원도 차려 분주히 달려오더니…
나 만나 천일도 못 살고
뭐가 그리 급해
빨리 가려고 하는거야.
조금 천천히 좀 가
조금 쉬다가 가라고…
사랑해!
내가 자기 사랑하는 거 알지?"

나는 간호사입니다

어, 저기 복도에
환자가 걷고 있습니다
어그적거리는 걸음이지만
분명히 걷고 있습니다
내 눈이 제대로 본 걸까요

다가가 보니
진짜 그 환자가 걷고 있습니다
내 가족도 아닌데
그 모습에
왜 내가 가슴이 벅차오르고
눈물이 나는 걸까요

28세 청년이
원인모를 척추경색으로
사지마비가 되어
실려 들어 왔습니다
몇 달 전에…

잘생긴 외모에
요즘 잘 나가는 아이돌을 닮았습니다

그런데 무슨 이런 병에 걸렸는지
너무 안타까웠습니다

핏기 하나 없던 얼굴에
엷은 미소만 겨우 보여주던
첫날 그 얼굴을 잊지 않고 있었는데

지금은
당당하게 서서 걷고 있습니다
그리고 보란 듯이 웃고 있습니다

내 마음이
내 기도가
하늘에 닿은걸까요

순간, 눈물을 주체할 수가 없었습니다

하나님!
저를 간호사로 살게 해주셔서
정말 감사합니다!!

하늘에 닿은 정성

키도 크고
배도 웬만큼 나온 아저씨가
면회 시간만 되면
제일 먼저 앞장서 들어오며
미소를 날린 뒤
일 분 일 초가 아까운 듯
수건을 빨아
아내의 몸을 닦아주기 시작합니다

힘든 기색은 보이지도 않습니다
연신 콧노래까지 부릅니다
신나지는 않을텐데

아내는 아는지 모르는지
눈만 뜨고
아저씨의 질문에
답을 하지도 못한 채
꼼짝도 하지 않고 있습니다

회사는 어떻게 하고
면회를 빠지지 않느냐는 질문에
다행히 재택근무를 하기 때문에
올 수 있어서 다행이라고
웃어 보이기까지 합니다

혹시 하늘에서 내려온 천사일까요
이럴 수는 없는데

그러면서 하는 말이
아내와 손잡고 꼭 인사를 다시 올 거라고
기다리라고 힘주어 말합니다

한 달, 두 달, 세 달…
어느덧 6개월이 흐르고
환자의 손가락이 움직이기 시작하더니
의식까지 깨어나 병동으로 올라가는 기적이 정말 일어났습니다

그리고 잊혀질 때 쯤
아내의 손을 잡고
아직은 어눌한 걸음이지만
중환자실로 인사를 왔습니다

우리는 한참을
먹먹한 가슴으로
서로를 바라만 보고
아무 말도 할 수 없었습니다

그저
눈물이 답을 하고 있었습니다

중년부인의 우울증

결혼이 뭔지도 모른 채
선을 보고 남편이랑 만나
밥은 굶지 않을 것 같아
결혼을 하고

아들 딸 낳고
정신없이
남편 뒷바라지하며 살았는데

사회에서 자리 잡은 남편은
무식하다 무시하고

대학생이 된
자식들은
센스 없다 퉁박주고

무어라도 해보려
여기저기를 기웃거려보지만
환영해주는 곳은
어디도 없습니다

거울에 비친
주름 가득한
얼굴은

본인조차 보기 싫고

무엇을 입어도
무엇을 먹어도
어디를 가도
재미있게 느껴지는 일은
하나도 없습니다

구멍 뚫린 이 가슴은
누가 만져줄 수 있을까요

잉꼬 부부

기억조차 가물가물한 보호자에게서
전화가 왔습니다

2년 전 입원했을 때
'잉꼬부부'라며
사진을 찍어주었다고 합니다

누구였지?
아… 생각이 났습니다.

항암치료를
여러 차례 받은 환자여서
몸도 마음도 많이 힘들었을텐데

볼 때마다
밝은 모습으로 대화하고
이제 막 사랑을 시작한 연인처럼 보였던
50대 부부

어느 날은
보호자인 부인을 의자에 앉혀놓고
고맙다고 발을 씻겨주길래
그 장면이 너무 아름다워
사진을 찍어주었습니다

그 후 2년이 흘렀고…

얼마 전 돌아가셨는데
너무 보고 싶어 사진을 뒤적이다 보니
그때 사진을 찍었다는 생각이 나서
폰 사진첩을 아무리 뒤져도 없다며
혹시 가지고 있느냐는 문의 전화였습니다

그러면서
그때 많이 힘들었지만
'잉꼬부부'라 말해주어서
힘과 용기를 내고 견딜 수 있었노라고

사지마비 환자의 바램

요즘 잘 나가는 회사의 팀장으로
당당하게
꿈을 이루며 살고 있었는데

하루아침에
아무것도 할 수 없는
사지마비가 되었습니다
의식만 멀쩡할 뿐이지
그 무엇도 내 맘대로 움직일 수가 없습니다

목소리가 나지 않아
겨우 입모양으로
표현은 할 수 있는
기적 같은 상황

어느 누구도
내 말을 쉽게 알아주는 사람이 없습니다

그런데 딱 한사람
그 간호사만은
내 말을 쉽게 이해해줍니다
나의 눈을 뚫어지게 쳐다보며
밝은 미소로
마음을 활짝 열고 듣고 있습니다

그래서 계속
그 간호사가 기다려집니다
그 발소리가 들리는 것 같습니다
그 목소리가 울려오는 것 같습니다

다시 찾아 온 환자

퇴원했던
환자가
중환자실을 찾아 왔습니다.
보고 싶었다고

인공호흡기 달고
체외순환기 돌리고
인공혈액투석기 달고
여러 차례 죽음의 문턱을 넘나드는 모습에
언제쯤 병동으로 갈 수 있을까
걱정했던 환자였는데

어느 새
병동에서 퇴원하고
외래로 오는 길에

중환자실 간호사들이
너무 많이 생각난다고
어눌한 걸음걸이로
찾아온 그 마음에

눈물이 왈칵 쏟아졌습니다

면회

늦둥이를 낳고
몸보신 하겠다고 달여 먹은 약 때문에
갑작스럽게 간성혼수에 빠진 환자가

간이식을 한 후
온갖 치료장치를 단 채 침대에 누워 있습니다

정기면회 시간
일곱 살 아이가 들어 올 수 없는데
아이가 엄마를 너무 찾는다고
간절하게 부탁하여
할머니 손을 잡고 들어왔습니다

아직 의식이 깨지 않아
대화는 어렵지만
스피커폰으로 얘기하면 엄마가 들을 것이라 했더니

수화기를 든 채
아이가 무엇을 보았는지
아무 말도 하지 못하고
닭똥 같은 눈물만 흘리고 있습니다

귀요미 할머니

간암으로 수술을 받고
하루 관찰을 위해
중환자실에
입원하신 할머니

자그마한 체구에
마취는 빨리 깨었으나
의식이 아직 명확하지 않아
이곳이 어디인지
마구 헷갈려합니다
그 모습조차도
너무 귀여워서
간호사들의 사랑을 독차지하였습니다

새벽 시간
모두가 조용히 잠을 청하고
알람소리만 가득한데
할머니의
꼼지락거리는 소리가 들려옵니다

어!!
이러면 안되는데
조금이라도 주무셔야
병동으로 올라갈 수 있는데

다가가 자세히 보니
무엇인가를 맛있게 쪽쪽 빨고 있습니다

어머머
정맥주사 라인을 어떻게 뽑았는지
끝부분을 입에 물고 쪽쪽 빨며
맛있다 합니다
너무 배가 고프다고…

딸기

휴일을 보내고 출근하니
사무실 책상 위에
딸기 한 바구니가 놓여 있습니다
환자의 이름이 적혀 있는
메모가 붙은 채

휴일 동안의 환자 상태를
인계 받다가
일요일 오후에
딸기 선물의 주인공인 환자가
저 세상으로 떠났음을 듣게 되었습니다

열여덟 고운 처녀가
꽃 한 번 활짝 피우지 못하고…
잠깐 깨어나
엄마 얼굴 한 번 보고

긴 투병생활을 하는 동안
의식 없이 지냈지만
짧은 순간이라도
엄마 얼굴 보고 떠난
딸이 대견하고 고맙다고
사온 딸기였습니다

기초생활수급자

허리 통증을 심하게 호소하는 환자가
진통제를 요구하여 주사를 맞고는
조금 나아졌다며
그냥 퇴원시켜 달랍니다

본인은
40만원이 넘는 검사비를
도저히 감당할 수 없으니
검사를 할 수 없다고

아직은
일을 해도 되는 나이인데
공사장에서 일을 하다가
허리를 삐끗한 후
제대로 움직이기가 어려워
일자리도 잃어버렸고

어렵게
기초생활수급자로 등록하여
월70만원을 받고 있답니다

그 돈은
고시텔 비용 24만원
한 끼 해결하는 돈 1000원 아니면 3000원

가끔씩 5000원짜리 한식뷔페를 먹는 것이
전부인데

기초생활비를 받으려면
재활센터에 나가
간단한 노동이라도 해야 해서
차비로 3000원 쓰게 된답니다

그 조차도 없는 날은
몸뚱이 하나 꽉 채운 침대에 누워
음악을 듣는 것이 전부입니다
움직이면 무조건 돈이 드니까요

아직 살아야 할 날이 많은데
이마저도 못 받게 될까봐
걱정이 태산이라고 하더군요

편견

아휴

예민해도
어쩜 저렇게
불편하게 예민할까요?

대학교수이고
의사보직자의 친구이기도 하니
받아들일 수 없는 현실을
들키기 싫어
더 감추려는 의도처럼 보였습니다

여러 정황상
위암 말기라는
갑작스러운 통보가
수용되지 않을 것이라는 것이
이해가 되기도 했지만

그래도
'오늘은 마음을 준비하고
싫어해도 수다를 떨어야겠다.'
작정을 하고
병실로 진입했습니다

별 관심도 없을 것 같은
일상의 얘기들을
수다스럽게 하는 내가 안스러웠을까요
한 번도 간호사들 눈을 맞춘 적이 없는 분이
갑자기 얼굴을 돌리고 피식 웃어 보입니다

어어!!
웃을 줄 아는 분이었네요

이후부터 신이 나서
일부러 그 병실에 들어가면
뭐라도 수다를 떨고 나왔습니다
웃기는 얘기도 뻥뻥했습니다
며칠 후
출근을 하니
나를 찾았다고 합니다
할 얘기가 있다고
꼭 나에게 하고 싶다고

다소 긴장은 되었지만
숨을 크게 쉬고 병실로 들어갔습니다

처음으로
환한 웃음으로 맞이해주었습니다

부탁이 있다고 했습니다

마지막으로
집에 꼭 가고 싶은데
갈 수 있도록 도와달라고

저는
가슴이 먹먹해져
말을 잇지 못했습니다

그러고는
돌아오지 못할 먼 길을 떠났습니다

어버이날 병동 순회 공연

5월 8일은
합창단원들과
병동휴게실을 찾아가
노래도 불러주고
환자와 보호자 가슴에
카네이션을 달아주는 공연을 합니다

정형외과 병동에 도착하여
공연이 있음을 병동 방송으로 알리자
환자들이 나오기 시작합니다

목발을 짚거나
휠체어를 타거나
침대에 실려 나오는 환자들

노래 부를 준비를 마친 합창단 앞에
무슨 사연인지 모르지만
두 다리가 절단된
40대쯤으로 보이는 남자 환자가
휠체어에 몸을 의지한 채
기다리고 있습니다

"낳으시고 기르시며~~~"
노래를 시작하자마자

어깨를 들썩이더니
소리를 내며 울기 시작합니다

이 노래를 무사히 끝까지 불러야하는데…
목이 매어와
도저히 노래를 부를 수가 없습니다

그냥 울었습니다
환자와 함께…

2부

내가 환자가 되어보니

내가 수술 받던 날

그렇게 많은 시간을
환자를 간호하며 살아왔는데

막상
내가 수술을 받는다고
동의서에 싸인하고 나니
걱정과 두려움이 밀려옵니다

간호사들도
인사로 응원도 보내주고
안심시키려 하지만
죽음의 공포가
나를 덮고 있어
머리와 생각이 복잡하기만 합니다

드디어 수술 당일 아침
첫 수술인지라
이송침대를 밀고
이송직원이 들어 왔습니다

수술장까지 가는 길이
이렇게 길었던가요
하얀색으로 칠해진
기다란 복도가 끝이 없어 보이고

천정은 내 마음을 아는지 모르는지
형광등만 반짝이고 있습니다

어지러워 죽겠습니다
이동침대가 코너를 돌 때마다
뚝 떨어질 것만 같습니다

드디어 수술실 입구에 도착하자
간호사가 밝게 인사하며
수술용 모자를 씌워줍니다
그리고 몇 가지 확인을 하더니
나를 진짜 수술방으로 옮겨줍니다

그런데 너무 춥습니다
환의가 얇아서라기보다는
수술장 공기가 이렇게 서늘했던 것입니다

말도 못하고
이를 악물고 참고 있는데
간호사가 인사해 주면서
걱정하지 말라며
손을 꽉 잡아주었습니다

순간 그 온기가

손을 타고 들어 와
온몸으로 퍼지며
걱정과 두려움이 벗어지고
더 이상 춥지 않았습니다

내가 환자가 되어보니

환자가 되어
병상에 누워보니
나의 치료 방향이 매우 궁금합니다

피만 뽑아도
영상검사만 해도
약을 받아도
순간순간 속 시원한 설명이 필요합니다

식사를 가지고 들어 올 때도
주사를 놓으러 들어 올 때도
회진을 올 때도
최대한 친절하게 말해주기를 바랍니다

따뜻한 손으로 잡아주고
등이라도 한번 두들겨 주는
격려를 기다리고 있습니다

어떤 설명을 하러 와도
무조건 믿고 따를 수 있도록
병실에 들어오는 모든 직원이
자신감 넘치는 모습이면 좋겠습니다

간호사인 내가 환자가 되어

병상에 누워보니
바라는 것이 참으로 많아집니다

중환자실로 날아 온 택배

하얀 스치로폴 박스를
택배기사가 들고 들어와
제 이름을 부릅니다

병원으로
뭘 주문한 적이 없는데

보낸 이의 이름도
누군지 잘 모르겠습니다

포장을 뜯었습니다

우와와
가지런히 회가 정리되어 있고
쌈장과 상추와 마늘까지
모든 것이 완벽하게 들어있습니다

누가 보냈을까요?

박스 속 한쪽 구석에
편지 한 통이 들어있습니다

아하
생각이 났습니다

6개월 전 간이식을 받고 병동으로
전동을 갔던 분입니다

입원 당시
간경화가 너무 심하여
황달을 넘어 흑달이 되어
얼굴이 새까맣던 환자였습니다

아내와 자녀들은
그 모습을 보고
'검정콩'이라 별명을 붙여주었습니다

환자의 상태가
별로 좋아보이지 않았는데도
온 가족이
상황을 긍정적으로 받아들이는 모습이어서
기억에 꼭 박혀있던 분이었습니다

속초에서 횟집을 운영하고 있는데
퇴원하면 회 한 접시 대접하겠노라
몇 번을 얘기했던 분입니다

사실은
중환자실에서의 상태로 보면

퇴원할 수 있을지
걱정이 많이 되던 환자였는데

이렇게 회를 보내오다니

담당했던 의사들과
맛있게 먹으며
기분 좋게
엄청난 수다를 떨었습니다

제가 먹어 본 회 중에
최고로 맛있었습니다

차라리 죽여주세요

인공호흡기,
신장투석기,
엄청난 양의 약물 투여

모두 끊어주세요
무슨 도움이 되나요?
의료진에게 위로가 되는
연장전은 제발 그만 하세요

중3과 고1,
두 아이들과
이제 우리도 살아야 해요

그동안의 병원비는
아파트를 팔아서 낼 거예요
더 이상은 너무 힘들어요

무엇보다
애들 아빠가
이런 구질구질한 삶을
원하지 않을 거예요

왜 자살하느냐구요?

아이들 엄마가
암으로 세상을 먼저 떠나고

일곱 살, 다섯 살 두 아들만
남겨두었어요

너무 이쁘죠
제가 얼마나 사랑하는데요
저의 존재의 이유이기도 합니다

그런데 두 녀석이 다 아파요
그것도 선천적으로 병을 가지고 태어나
시간이 흐를수록
몸을 제대로 가누지도 못하고
자꾸만 옆으로 쓰러져
여기 저기 상처를 입고 있지요

검사를 받았더니
뇌에 이상이 있는거래요
그래서 수술을 해야하는데

낮에는 음식점에서
발렛파킹을 하면서 돈을 벌고
저녁에는 대리운전을 하면서

돈을 벌고 있어요
두 아들 수술비를 모아야 하고
먹고 살아야하니까요

그런데 너무 빠듯해요
아이들은 이미 눈치를 챘는지
아빠가 함께 놀아주지 않는다고
보채지도 않아요

사회복지 혜택을 받으려 해도
제가 건강한 신체를 가지고 있고
일을 하기 때문에
혜택을 받을 수가 없다네요

당장 아이들은 수술을 해야 하는데

우연히 고아들은
치료비전액을 지원해 준다는
광고문을 보게 되었어요
그래서 아이들에게 '건강한 삶'이라도
선물로 주려구요

마지막 순간

30대 초반으로
백혈병 진단을 받은 환자가
긴 여행을 떠날 준비를 하고 있습니다

평소 가수로 활동하면서
빅히트를 친 곡이
환자의 방 오디오를 통해
계속 흘러나왔기 때문에
누구인지 이름만 대면 다 아는 환자였습니다

환자의 남편은
아내를 어떻게든
일으켜 세우기 위해
정성을 다하는 모습이었습니다

그 중 한 가지는
아내에게 힘내라고
아내의 곡을 다 모아와서
계속 듣게 하였습니다

하지만
시간은 그리 많이 남지 않았음을
모두가 알고 있었습니다

가족들이 찾아와
하나 둘씩 면회를 마쳤고

남은 마지막 순간은
유언대로
음악을 들으며
남편을 끌어안고
돌아오지 않을 먼 길을 떠났습니다

그 곳에서는
마음껏 음악을 들으며
더 행복했으면 좋겠습니다

반지 이야기

혀에 악성암이 생긴
30대 초반의 남자 환자

어머니는 이 상황을 받아들이지 못해
너무 힘들어 합니다

직장도 안정적이고
이제 여자 친구도 생겨
결혼하고 알콩달콩 살기만 하면 되는데

어머니는 조용히 묻습니다
여자 친구에게 이 상황을 알려야하는지
너무 갑작스러운 상황인데다가
아들이 유일하게 행복해 보일 때가
여자 친구가 면회를 왔을 때인데
여자 친구에게 알리는 것이 마땅하지만
그 행복을 깨고 싶지 않다는 것입니다

기도하며
여자 친구에게 그 상황을 알리라고 권하였습니다

다음 날
여자 친구와 부모님이 함께 병문안을 와주었습니다

대화를 하며
서로 많은 눈물을 보였습니다

급속도로 암이 진행되어
회복가능성은 낮았지만

두 가족은
환자를 위해
모두가 기념반지를 만들기로 하였습니다
그리고 그 반지에
"사랑은 영원한 것"이라는 글자를 새겨 넣었습니다

반지가 완성되던 날
모두 병원에 모여 반지를 낀 손을 내밀어
기념사진도 찍고
모두 카톡 프로필 사진으로 올리기도 했습니다

그 모습이 참으로 아름다웠습니다
마치 성스러운 결혼식을 하는 것처럼

이후에도
여자 친구와 부모님은
자주 찾아와 위로가 되어주었습니다

그럼에도 환자는
힘겹게 투병생활을 하다가
먼 곳으로 떠났습니다

하지만 떠나는 길이 결코
외롭지 않았을 것이라 믿습니다

박사학위를 받을 때까지

41세, 말기암

이제 듣는 약도 없어
마지막 때를 기다릴 수밖에 없는 상황

연세가 느껴지는
부모님이 찾아와
내년 2월까지만
생명을 연장해 달라
간곡히 부탁을 합니다

그때가 되면
그동안 힘들게 노력했던
박사학위를 받을 수 있다고
모든 걸 바쳤던 공부가
헛수고가 되지 않게 하고 싶다합니다

그래서 간절히 기도해주기로 했습니다
하늘이 도우시기를

꼭 학사모를 쓰고
당당하게 웃으며
떠날 수 있도록

보호자의 편지

환자의 보호자로부터
편지 한 통이 왔습니다

기억을 더듬어 보니
갑자기 뇌출혈로 쓰러져
의식을 회복하지 못한 채
보름 동안 중환자실에서 보내다가
하늘나라로 떠나셨던 분이었습니다

"정말 감사합니다.
아직 다 피지도 못한 채 세상을 떠난 누나를
급히 보내느라 정신이 없어
이제야 연락을 드리는 점 용서해주시기 바랍니다.
누나에게 갑작스레 벌어진 모든 일이
저희 가족에게는 큰 충격이었기 때문에
누구도 정신을 차릴 수가 없었습니다.

45일을 중환자실에만 계셨으니
저희는 하루에 2번 면회하는 것이
누나에게 해줄 수 있는 전부였습니다.

마음은 24시간 함께 하고 싶었지만
중환자들이 입원해 있는 곳이어서
규칙을 지킬 수밖에 없었습니다.

상태가 점점 안 좋아지면서
누나는 점점 이상한 모습으로 변해가고 있었습니다.
인공호흡기로 연명해야 했으니
각종 튜브들을 달고 있는 모습은
지금도 상상하고 싶지 않은 모습입니다.
워낙 곱고 이뻤던 누나였기에
그 모습이 더 가슴 미어지게 느껴졌으니까요.

그런데 누나가 저 세상으로 가기 전 날로 기억되는데
면회를 가서 깜짝 놀랐습니다.
누나의 헝클어졌던 긴머리를
누군가 정성을 다해 곱게 땋아놓았던 것입니다.
깔끔하게 세수하고 나온 듯
단정하게 정리되어 있는 누나의 모습을 보고
우리 가족은 다 놀랄 수밖에 없었습니다.

왜냐하면 그곳은 중환자실이니까
누나의 질병 상태에만 집중해야 하고
외모를 신경 쓰는 일은 생각도 할 수 없었습니다.
어쩔 수 없는 일이라고 생각했으니까요.
돕지 못하는 저희의 상황만을
안타까이 생각했는데
이렇게 고운 모습의 누나를 보며
중환자실에 계시는 간호사님들이

정말 가족의 마음으로 누나를 돌보고 있었다는
확신을 갖게 하였습니다.

그리고 누나가 운명한 후에
평소에 누나가 좋아하던 옷으로
갈아 입혀주셔서 감사드립니다
귀찮은 일이었을텐데
기꺼이 요구를 들어주신 점에 대해
깊이 감사를 드립니다.
누구보다 딸을 가슴에 묻어야 하는
어머님이 참 좋아하셨습니다.
하늘나라로 간 누나도 좋아하셨을 것입니다.

이 땅에 천사가 있다면
분명 간호사로 일하고 있을 것이라 생각합니다.
건강하시기 바랍니다.
건강하셔서
저처럼 중환자실을 찾는 많은 분들에게
위로와 평안을 선물해주시기 바랍니다.
그 손길에 하늘의 축복이 가득하시기를 간절히 기도드립니다."

사산

양수가 터진 산모가
침대차에 실려 들어왔습니다
같은 또래로 보이는 여자보호자와 함께

진통이 시작되어
엄청 힘들텐데도
이를 악 물고 참는 느낌입니다

급히 의사가 진찰을 하고
분만장으로 가기로 결정했는데
태아의 심장소리가 들리지 않는다고
걱정을 합니다

결국 아기는 태어났지만
숨을 쉬지 않았습니다

포에 쌓인 아기를
안아보겠느냐는 질문에
팔을 벌려 안아보더니
소리도 내지 못하고 눈물만 흘립니다

그러면서
아기는 자기가 죽인 것이라합니다

아버지가 없는 아기가 태어나
살아야 할 날을 생각하면
차라리 태어나지 않는 것이 낫겠다고
계속 마음속으로 되내었다고 합니다

그래서 아기가 먼저 알고
세상에 나오지 않기로 결정 한 것이라고

사랑하는 엄마의 마음을
뱃속에 있는 아기는 알고 있었던 것일까요

소풍 떠나던 날

처음에는 가슴에 작은 멍울이 있어
가볍게 검사를 했는데
유방암 초기라고 하여
종양제거 수술을 받고
방사선 치료를 어렵게 마친 후
완치 판정을 받았습니다

새로 받은 인생이라 여기며
사랑하는 남편과
어린 두 딸과 함께
열심히 집중하며 달려왔는데…

갑자기 찾아 온
유방암 재발!!

하루하루 살아내야 하고
매일 매일 해야 할 일에 치여
설마 설마하며
차일피일 미룬 것이
이렇게 암세포를 키우는 일이 될 줄을
꿈에도 생각하지 못했습니다

호흡도 곤란해져
중환자실로 입원하여

인공호흡기를 달고
이제 더 이상 방법이 없어
가족들과 이별을 해야 하는 순간

이 순간이
모두에게 닥칠 것이라고는
누구도 생각하지 못했기에
우왕좌왕하는 가족들의 모습이
안타깝기만 했습니다

일단, 간호사인 나라도
정신을 차리고
해야 할 일들을
차근차근 알려줘야 합니다

어, 그런데
남편이 보이지 않습니다
어딜 간 것인지 보이지 않습니다
가족들에게 물어도
아무도 정확히 답해주는 사람이 없습니다

조금 후
헐레벌떡 남편이 달려 왔습니다
집에 갔다 오는 길이라고…

아내를 다른 세상에 소풍 보내줘야 하는데
사랑을 가득 담고 가라고
선물을 가져왔다고 합니다

아내를 만나
처음으로 사랑을 고백하며 주었던
커플링을 끼워달라 합니다
그것도 두 개 다
힘들고 어려울 때마다
그 반지를 보며 힘을 내던 아내가
분명히 가지고 가고 싶어 할거라고…

아내의 이름을 부르며
흔들어 깨워보지만
답이 없습니다
그래도 힘을 내어
사랑한다며 소풍 잘 가라고
반지를 끼워주었습니다

기다렸던 것일까요
잠시 후
아내는 먼 길로 소풍을 떠났습니다

입원비

어렵게 간이식을 받고
이제 깨어나 퇴원하면
행복하게 살 것이라 여겨
평생을 농사지어 모은 돈을 들고
입원했는데

알 수 없는 거부반응이 나타나
중환자실에 다시 입원하고
인공호흡기
신장투석기
체외심폐순환기까지 달고

이 검사 저 검사 해가며
죽을 힘을 다 하고 있는데
몇 개월도 안되어
날라 온 병원비 고지서는

헉!!
이제, 준비된 돈으로 감당이 되지 않아
있는 땅을 팔아야만 하니

그래도 아내는 환자에게 최선을 다해 달라며
그동안 고생한 것을 생각하면
논 밭 다 팔아서라도

빈털터리로 거리에 나앉아도
우리집 양반만 살려 달라합니다

그러면서 따뜻한 수건으로
온 전신을 꼼꼼하게 닦아주며
어깨를 들썩이고 있습니다

들썩이는 어깨가 왜 이리도 무겁게 느껴지는지

꼭 안아드렸습니다

마지막 미국 여행

20대 후반의
차도녀 인상의 환자

위암 말기 진단을 받고
현재는 임신 8개월

특실에 입원하여
불은 항상 어둡게 해달라합니다

똑같이 생긴
쌍둥이 자매가 면회 올 때만
겨우 말을 하고

임신인줄로만 알았었는데
자꾸만 대변이 검게 나와
혹시나 하고 검사를 받았는데
위암 말기

이제 더 이상 도와줄 수 있는 것이 없는데
마지막 소원이
미국에 꼭 한 번 가보는 것이라고 합니다

유학시절
신랑을 만나고

결혼하여 아기도 생기고
이제 행복할 일만 남았었는데

추억이 쌓여있는 그곳에
마지막으로 꼭 가보고 싶다고
뱃속 아가에게도 꼭 보여주고 싶다고

하지만 많은 사람들의 응원에도 불구하고
상태가 점점 나빠져 미국은 가지 못한 채
먼 길로 떠났습니다

아기를 선물로 남기고…

엄마 같은 환자

53세 여자 환자가
간암으로
고주파열치료를 받았으나
예상치도 못한 간부전이 생겨
중환자실로 입원하였습니다

미모도 연예인처럼 빼어났지만
무엇보다 말도 조용조용하며
교양있는 태도와 겸손한 모습을
간호사들이 매우 좋아했습니다
마음씨는 더 고왔습니다

며칠 만에
간호사의 동선을 다 파악하여
밥 먹을 시간이면
얼른 밥 먹고 하라 하고,
쉼도 없이 뛰어다니면
잠깐만 물마시고 오라 하고,
야식 먹을 시간이 되면
잠깐 뭐라도 먹고 나오라고
싸인을 보내기도 했습니다

딸 같은 느낌이라며
간호사들을 엄청 챙겼습니다

가끔씩은 보호자를 시켜
다양한 종류의 간식을 사오라 하며
간호사들이 밥 굶는 일을
견디지 못하는 엄마 같았습니다

하지만 환자의 상태는 급속도로 안좋아졌고
인공호흡기를 비롯하여
치료 장치들이 하나 둘씩 늘어나게 되었습니다

간호사들은
평소 환자의 마음이 고마워
모두 안타까워하면서
더 정성을 다해
목욕시간이면 심혈을 기울여 닦아주고
머리도 빗겨주었습니다

어느 날
출근 준비를 마치고 나가려는 순간
전화가 왔습니다
병상이 비어서 출근하지 않아도 된다고

순간 머리를 스치는 것은
환자의 생사였습니다

예상했던대로
간호사들을 다 두고 먼길로 떠났습니다

그 소식을 듣고
한걸음도 움직일 수가 없었습니다

섹시한 할머니

모든 환자가
잠든 시간

간호사들의 바쁜 걸음소리만이
적막을 흔들고 있는데

할머니 환자가
한쪽 다리를 세운 채
침대에 앉아 있습니다
환의의 앞단추를
몇 개 풀어 놓아
살짝 가슴이 보입니다

그러면서
주변 환자들을 살피고 있습니다

걱정이 되어
뭐하시느냐고 물었더니

환자들이
줄줄이 달고 있는 수액을
손가락으로 가리키며 하는 말

"아휴,

귀여운 돼지 새끼들이
젖도 잘 빠네." 하며
흐뭇한 미소를 지어보입니다

알고 보니
돼지농장을 운영하는 환자였습니다

너무 미운 환자

대학가 서점 앞에서
쇼우윈도우에 진열된 책을 구경하다가

느닷없이 트럭이 덮쳐와
엉덩이 뼈가 으스러진 채
중환자실로 실려왔습니다

이제 겨우 열여덟살 소녀

차마 눈을 뜨고 볼 수 없을 만큼
상처가 험한데다
소변줄을 끼우지도 못할 정도로
엉덩이의 형체가 없었습니다

엄청난 양의 소독액을 붓고
하루에 세 번씩
계속해서 상처를 씻어내고 있습니다

진통제를 계속 주어도
고통이 너무 심해
마구 소리를 지르고
엄청 신경질을 부립니다

누구랄 것도 없습니다

닥치는대로
몸에 손이 닿기만 하면
난리를 칩니다

해도 해도 너무 한다 싶어
미워죽겠습니다

그러다가도
아파서 소리를 지르는 모습에
마음이 안타까워
끌어안고 같이 울고 싶습니다

이 어린 친구가 무슨 죄가 있다고
이렇게 큰 고통을 감당해야 하는 것인지

그래서 시간이 흐를수록
미움이 정체를 잃고
연민으로 바뀌어
어느새 같이 울고 있습니다

가족관계

중환자실에
남편이 입원하고 있다고 하기에는
믿기 어려운 차림으로
면회를 꼬박 꼬박 오는 아내

나이도 젊어 보입니다

들어와 환자를 닦아주며 만지고 있는데
뭔가 어설프게 느껴집니다

검사를 해야 해서
동의서를 받으려니
아들이 오면 받으랍니다
본인은 잘 모르겠다고

오후 면회 시간에
아들과 부인으로 보이는 사람들이
한약을 달여서
면회를 왔습니다
동의서를 설명하니
말이 통하는 느낌입니다

그래서
관계를 물으니

예상대로 아들과 부인입니다

조심스럽게
질문을 했더니
여자가 있다는 사실을 모르고 있습니다

이를 어쩌나

이후에도 그녀는 계속 숨바꼭질하듯
면회를 합니다
부딪히지 않으려고

누굽니까

환자 진료하는 속도를 올리기 위해
진료실 두 개를 오픈하고
한 방의 환자를 진료하는 동안
옆방을 준비하게 됩니다

방을 준비하려
들어 왔는데
갑자기
너무 지독한 냄새가 납니다

심증은 있지만
물증은 없는 상황

추운 겨울이라
갑자기 창문을 열 수도 없고

옆방 진료를 마친
의사가 방으로 들어와서는
토끼눈을 뜨고

"어, 이거 무슨 냄새야.
엄청난 것이 썩는 냄새인데…
아까는 안 났잖아요?
빨리 시설팀에 연락해주세요." 합니다

우선 연락했다고 둘러치고
옆방으로 다시 옮겨가서
환자분의 생리적 현상임을
알려줄 수밖에

그랬더니 조용히 말합니다
"그럼 환자에게
도대체 무엇을 드셨는지
알아봐 주세요."

의료질관리

정말 오래간만에
병원 복도에서
간이식을 받은 후
건강하게 지내는
여자환자를 만났습니다

너무나 반가워
인사를 나누었고
지금 일하는 부서를 묻길래
'질관리팀'에서 일한다고 했지만
잘 모르는 듯 하여 다시
'의료질관리팀'에서 일한다고 하였습니다

그랬더니
급 활짝 핀 미소를 지으며
내 손을 덥석 잡더니
본인을 도와달라 합니다

일 년 전부터
질에 염증이 생겼는데
감염내과,
산부인과 진료를 하고
반복하여 약을 먹어도
잘 낫지를 않는다며

의료질관리팀에 계시니
전문가로서
진료과에 얘기 좀 해달라합니다

으잉??

아, 일반인들은
의료질관리를
그렇게 생각할 수도 있는거였습니다.

푸하하하

3부
신입간호사에게

신입간호사 입사 면접

까만 정장에
흰 블라우스를 받쳐 입고
똑같은 표정으로
여러 명의 간호사가
문을 열고 들어옵니다

깻잎머리를 하고
신부화장을 한 얼굴로
배꼽에 손을 얹고
최대한 공손하게
인사를 합니다
한 점의 흔들림도 없어야 합니다

면접하는 날
평소보다 더 일찍 일어나
병원별 입사 화장 패키지를 예약하고
시간별로 방문한다고 합니다
신부화장만큼 비싼 값을 지불하고

같은 톤
같은 미소
같은 태도로

달달달 외운 원고대로

본인을 소개하고
한 단어라도 꼬이면
급 당황하여
처음부터 다시 하겠다 합니다

괜찮은데…
괜찮다고 해도
믿어지지 않는 모양입니다

면접관으로 앉아 있는 내가
너무 미안하다는 생각이 들 정도입니다

모두에게 합격통지서를 줄 수는 없으니

어느 신입간호사

정형외과 의사가
회진을 왔습니다

심한 폐렴으로
인공호흡기를 걸고 있는데
무릎에도 염증이 의심되어
협진을 의뢰하였던 것입니다

중환자실에 도착한
정형외과 의사는
"니(knee) 사진 좀 보여주세요."라고
요청하였습니다

순간 당황한 신입간호사는
휘둥그레진 눈으로
손을 가슴에 포개고
천천히 입을 엽니다

"제 사진을요?
왜요?
제 사진 지금은 없는데요."

신입간호사의 고백

신입간호사라는 딱지를 달고
가장 힘들었던 일은
병동에 적응하는 것이었습니다

짧은 시간 내에
배워야 할 것들이 너무 많았습니다
숨을 쉴 수 없을 만큼

환자의 상태를 정확하게 파악하는 것도 힘이 드는데
의사의 오더를 해석해야 하고
위치도 모르는 검사실로 환자를 정확하게 보내야 하고
병동을 방문하는 수많은 직원들의 요구를 파악해야 하고

선배님들 이름도 외우고 성격도 파악해야하는데
의사의 이름도 알아야 하고
심지어 다양한 의사들의 특징을 파악하여
필요한 도움을 적절하게 줘야 하고

순간순간
환자 상태의 변화를 읽어 내기 위해
세심하게 살펴야 하고
필요한 것이 무엇인지 파악하고
문제가 발생하면
누구에게 어떻게 보고를 해야 하는지도 알아야 하고

매일 매일
죽을 힘을 다해 밀린 숙제를 하고 나면
또 숙제가 쌓이곤 했습니다
교과서에도 없는 이 수많은 숙제는
경험으로밖에는 해결할 수가 없다는 것을 알기까지
너무 많은 시간이 필요했습니다

견디기 위해 선택한 방법은
계속 주문을 외우는 것이었습니다
"버텨야 한다.
극복할 수 있다.
언젠간 끝이 보일 것이다.
이 또한 지나가리라."

그래서 용기를 내어
경험이 많은 선배님들에게
질문을 하기로 하였습니다
모두가 친절하게 답을 해주는 것은 아니지만
그 중에도 친절하게 답을 해주는 선배님을
조금 더 괴롭히고 도움을 받기로 했습니다

내가 성장하면 반드시 그 은혜를 갚겠다는 마음으로

신입간호사의 일기

백의의 천사가 되고 싶어
열심히 공부하여
목표한 대학에 입학하고

큰 병원에 꼭 취직하기 위해
스펙을 쌓느라
제대로 놀지도 못하며 공부만 하고

드디어 원하는 병원에 들어 왔는데
학생 때 배웠던 지식은 다 어디로 갔을까요?

내가 알고 있는 것은
알아야 할 것의
100분의 1도 안되고

환자 앞에 서려니
머릿속은 백지장이고
계속 선배들은
이것저것 가르치려고
달려드는데

어쩌죠
아무것도 할 수가 없네요
내가 이렇게 바보였나요

어떤 일이 닥쳐도
견디어낼 준비가 되어있다고 생각했는데

어디서부터 단추를 다시 끼워야 하는 걸까요
누가 제발 저에게 답 좀 주시면 안되나요

신입들이 받은 칭찬

열심히 뭔가를 하기는 하네
차근차근 하네
오늘은 다 했네
많이 늘었네
계산은 잘 하네
인계 잘했어
크긴 많이 컸네
기록 손 볼 것이 없네
의외로 생각하며 일하네
투약카드 잘 챙겼네
감이 오는군

신입간호사의 성장 일기

우리나라 최고의 병원에 합격했습니다

부푼 가슴으로
병동을 배치 받았습니다

나를 인도해 줄 선배님과 인사를 하고
온몸이 아플 정도로 긴장하며 따라 다니는 것이
저의 첫 임무입니다

분명 간호대학 4년을 우수한 성적으로 마쳤는데
배운 것이 왜 하나도 없는 것처럼 느껴지는 걸까요

머리는 하얀 백지인데
눈은 컴컴한 굴속을 들여다보는 듯
무엇을 보아도 보이는 것은 없고
몸은 북극쯤에 꽁꽁 얼어붙어 있는 것 같습니다

선배간호사들이 너무 존경스럽습니다
모두가 어쩜 저렇게 당당한 모습으로 자신만만해 보이는지
'당황'이라는 단어는 아예 모르는 사람들인 것 같습니다
위기상황이 펼쳐져도 놀라울 정도로 침착하게 해결하고
혈관주사도 던지면 들어갈 정도로 예술적입니다
모르는 것도 없어서 누가 무슨 질문을 해도
죄다 처리하는 것을 보면서
나는 죽었다 깨어나도 선배 같은 간호사는

될 수 없다는 생각이 들었습니다

혼자서 환자를 담당해야 하는 때가 되었을 때
너무 긴장되고 힘들어서 한숨도 자지 못했습니다
나 때문에 환자에게 해로운 일이 생기면 어쩌나
걱정이 태산이었습니다

마약금고 열쇠를 처음 받던 날은
두려움과 부담감으로 벌벌 떨며
하루 종일 뛰어다녔던 기억입니다
마약금고는 근무조의 대장을 의미하기 때문에
그 무거움과 중압감을 잊을 수가 없습니다

그런데 어느 순간 깜작 놀랄 일이 벌어지고 있었습니다
내가 후배간호사들에게 조언도 해주고
도움도 주는 간호사로 성장했던 것입니다

이제는 환자의 얼굴색만 보아도
앞으로 환자에게 일어날 일들을 감잡아 알고
후배 간호사들의 움직임을 보면
무엇을 잘하고 못하는지를 구별할 줄 아는
선배간호사가 되었습니다

간호사의 연륜

"환자분 눈 떠 보세요."
라고 의식체크를 하려면
환자는 마구 소리를 지르며
온갖 욕을 합니다

어린 간호사는
환자와 싸우고 있습니다
"환자분, 욕 좀 하지마세요.
이러시면 환자분 상태를 정확히 파악할 수가 없어요."

시간이 흐를수록
점점 더 소리가 높아지고
간호사는 더 이상
참을 수 없다는 표정으로
환자를 제어하려고
땀을 뻘뻘 흘리고 있습니다

그런데 어디선가
선배간호사가 나타나더니
환자에게 다가갑니다
순간
뭐라 했는지
환자가 갑자기 조용해지고
제압당한 순한 양이 되어버렸습니다

뭐라 하나
궁금하여 다가서니
환자 가까이 몸을 숙이고
본인 입술에 검지손가락을 대고
조용하고 은밀한 목소리로
"쉬잇!
안됩니다.
여기서 이러시면 안됩니다."

다시 만난 간호사

첫 근무를 하러 나온
신입간호사

곱디고운 얼굴에
가녀린 어깨가
종앙내과에서 근무하기에는
너무 여려보였습니다

아니나 다를까
매일을 눈물바다로 지냈고
살얼음판을 걷는 모습에
어느 순간
사직서를 들고 오겠구나 생각했습니다
버거운 짐을 지고
하루하루를 버티고 있는 느낌이었으니까요

시간이 흐르고…

일이 익숙해지고
입가에 미소가 보이기 시작했을 무렵
결혼을 하고,
아이를 낳고,
길게 육아휴직을 하고
다시 출근을 하였습니다

그런데
그 여린 모습은 어디로 가고
어떤 상황이 닥쳐와도
손 걷어 부치고 해결하기도 하고,
생떼를 쓰는 환자와 보호자를
응대하는 모습이
구렁이 몇 마리는 품고 있는 듯 보였습니다

하루는
차를 마시며
안 힘드냐고 물으니

이제 결혼도 하고
엄마가 되고 나니
이해 못할 상황도 없다며
오히려 환자 곁을 지키는
보호자를 보면
안쓰러운 마음이 들어
뭐라도 해드리고 싶다고 합니다

그러면서 오늘은 작정하고
보호자 얘기를 들어주어야겠다며
어느새 커피 한잔 뽑아들고
달려갑니다

사직면담

어느 날 병동 라운딩을 하는데
수간호사가 사직할 간호사가 있다고 알려왔습니다.
그런데 별로 아쉬워하는 것 같지 않아 이유를 물으니
8년차임에도
너무 이기적으로 자기 일만 할 뿐
동료간호사들을 돌아보며 도와주려는 마음도 없다고
거기에다가 표정도 밝지 않아
보고 있으면 화가 난 사람 같아서
환자나 보호자도, 의사들도
모두가 그녀를 별로 편안해하지 않는다고

그래서 사직서를 받을 수밖에 없는 상황이겠구나 생각하고
사직날짜를 받기 위한 면담을 한 것입니다

앞으로 계획한 일은 무엇이냐고 물으니
본인은 일단 쉬면서 어학연수를 갈 것이고
어학연수가 끝나면 한국이나 미국에서 대학원 과정을 하고 싶다며
대학원 후의 진로에 대해서는 아직 구체적이지 않다고 하였습니다
어학연수는 갈 곳이 확정되어 있었습니다

이미 모든 것을 계획하고 있는 간호사를 면담하면서
그리 붙잡고 싶은 생각도 없는 터라
혹시나 하고
간호사로 일하면서 보람 있었던 일이 있냐고 물었더니

바로 "있습니다!"라고 예상하지 않은 답을 쉽게 하는 것입니다
그러면서 왈칵 눈물을 흘리는 것이었습니다

"의식이 없이 실려 온 환자가
손을 까닥 까닥 움직이기 시작하며 점점 회복되어서
중환자실에서 병동으로 올라가는 모습을 보면
그동안 어려웠던 일들이 눈 녹듯이 다 사라져
지금까지 버텨오는 힘이 되었나봐요."
하며 한참을 고개를 떨군 채
어깨를 들썩이고 눈물을 보였습니다

그랬습니다 아무 느낌 없이
환자를 보고 있다 생각한 간호사이지만
매순간 마음 졸이며 환자의 쾌유를 빌고 있었고
회복되는 것을 보면서 위로 받고 있었던 것입니다

짧은 판단으로
후배의 안 좋은 모습만을 기억하려 하고
그 마음을 깊이 들여다보지 못한
나의 가난한 마음을 보게 되어
한없이 부끄러웠습니다

마음이 흔들린다고 느낄 때
한 번 더 손잡아 주고 위로해주었으면

조금은 마음을 다지고 일하지 않았을까 후회도 되었습니다

돌이킬 수 없이 멀리 가기는 했지만
다음 직장에서는 마음 아프지도 말고
늘 행복한 일만 가득한 삶이 되기를 기도해주었습니다.

성난 보호자보다 무서운 간호사

"너희들 다 죽었어."라고
소리를 지르며
보호자가 들어옵니다
딱 보기에도
작정하고 들어온 모습입니다

인공호흡기를 걸고
힘겹게 호흡하고 있는 환자들은
보이지도 않는 모양입니다
이 세상에는 본인 혼자만 있는 것처럼
소리를 지르고 눈에 보이는 것은 다 발로 차고 있습니다

다들
몸을 사리며
상황을 바라보고만 있는데

깡패 같은 보호자를 막아서며
'여기서 이러시면 환자들 상태가 안좋아질 수 있어요.'라고
단호하게 얘기하는 간호사가 있습니다

너는 뭐하는 사람이냐며
보호자가 소리를 지르면
더 단호한 목소리로
'저는 이 수많은 중환자를 지키는 간호사입니다.'라고

당당하게 얘기하며
소리 지르는 보호자를 제압하고
다른 곳으로 가서 얘기 하자며 데리고 나갑니다

체구도 작은데
저 당당함은 어디서 오는 것일까요?

그 뒷모습이 정말 멋져 보입니다

신입간호사에게(1)

병동에 처음 배치되는 순간
학생의 옷을 완전히 벗어버리고
현장 간호사의 옷으로 갈아입어야 합니다

환자 앞에 서면
아무 것도 아는 것이 없고
어떤 준비도 되어 있지 않았음을
뼈저리게 경험하게 될 것입니다

학생 때는
나름 똑똑했고
배우는 것도 머릿속에 채곡채곡
잘 쌓아두었다고 생각했을 것입니다
삽시간에 그 모든 것은 아무것도 아니었음을 알게 되고
박탈감과 상실감이 너무 커서
한걸음도 나아갈 수 없음을 느끼게 될 것입니다

"하루라도 빨리 그만 두는 것이 맞지 않을까?
나 때문에 귀한 생명이 잘못되는 것보다
빨리 다른 길을 찾는 것이 낫다."고 말하게 될 것입니다
잘못된 선택을 한 것이라고

하지만 포기하지 말고
반드시 도전하여야 합니다

도전하지 않으면 성장은 없기 때문입니다
고민하느라 시간을 낭비하지 마시기 바랍니다

오리엔테이션 기간을 목표로 시작하여
3개월을 견디고
6개월을 견디고
1년을 견디는 게 목표여야 합니다
그렇게 견디다 보면
2년쯤 지나서는 어떤 상황에도
능숙하게 대처하고 있는 본인을 발견하게 될 것입니다
간호사의 삶에서 느낄 수 있는 흥분과
짜릿한 환희를 즐길 수 있습니다

너무 혹독하게 본인을 몰아붙이지 마십시오
일을 잘 못하는 것은 당연한 일입니다
그래서 선배들이 함께 가는 것입니다
스스로를 인정하고 견디어 내는 것이 중요합니다
무수히 많은 시련을 헤쳐 나가야합니다
그 시련이 능력을 만들어 준다는 것을 기억하십시오

공부도 열심히 해야 합니다
학습을 게을리 하지 말아야 합니다
근무를 마치고 집에 돌아가면
근무하면서 경험한 환자들의 질병과 치료과정을

깊이 있게 공부하고 복습해야 합니다
반드시 자기 것으로 소화하고
같은 상황의 환자를 다시 만나면
스스로 의사결정을 할 수 있도록
책임감을 갖기 바랍니다
그래야만 하루하루 성장해 갈 수 있습니다
간호는 지식이 없이는 절대로 완성될 수 없기 때문입니다

주눅 들지 마십시오
상황에 맞게 당당하십시오
모르면 모른다 솔직하기 바랍니다
모르는 것을 아는 척하면 절대 안됩니다
생명을 다루는 일에는 얼렁뚱땅은 없는 것입니다

반드시 확인하는 습관을 들이다 보면
오늘보다는 내일이
내일보다는 모레가
하루하루 시간이 흐를수록 익숙해질 것입니다
능숙해져 어느새 성장해있는 본인과 마주하게 될 것입니다
당당하고 훌륭한 간호사가 되어 있을 것입니다

적절히 삶의 균형도 유지해야 합니다
쉼이 될 만한 일들을 반드시 만들어야 합니다
자신이 좋아하는 일을 꼭꼭꼭 만들어야 합니다

환자를 간호하는 일만큼이나
본인을 간호하는 일도 매우 중요하기 때문입니다

간호사는
이 사회를 보다 살만한 곳으로 만드는 영광된 직업입니다
얼마나 거룩한 자리에 서 있는 것인지 곧 알게 될 것입니다

하나님이 허락하신 최고의 직업을 선택하신 것입니다

신입간호사에게(2)
- 의사와의 관계를 위해

밝은 모습으로 자신을 소개하기 바랍니다
첫발이 중요합니다
초년병으로서 도움을 요청해도 됩니다

필요한 질문을 하기 바랍니다
의사들은 알려주기를 매우 좋아하고
공부를 열심히 한 경험을 나누는 것을 좋아합니다

진료과정에 궁금한 사항이 생기면
반드시 설명을 요청하십시오
이상한 처방에 대해서는 꼼꼼히 확인하는 습관을 들여야 합니다

때에 따라 도움을 받은 것에 대해
반드시 감사하는 마음을 표현하십시오
진정한 칭찬은 서로를 돈독하게 만드는 힘이 있습니다

흐리멍텅한 태도를 보이는 것은 절대 금지입니다
어떤 준비로 대화를 해야 할지
선배들을 통해 연습하시기 바랍니다
단호하게 행동해야 합니다
명확한 언어로 대화하기 바랍니다

자신의 의견을 분명하게 말하십시오
무조건 참는 것은 좋은 방법이 아닙니다

솔직하고 공정한 시각으로 환자의 상태를 말하면 됩니다

자신이 대우받고 싶은 만큼
상대방도 똑같이 존중하시기 바랍니다
정중한 태도로 매사를 노력하면
분명 마음을 열고 답을 줄 것입니다

칭찬의 효과

입사한 지 3개월째!
이제 선배간호사의 가르침을 끝내고
독립하여 업무를 시작해야 합니다

시작하기 전
응원해주기 위해
간담회를 하며 마음 상태를 물으니

그 중 한명이
너무 자신이 없고
잘 할 수 있을지 두렵다며
눈물을 보이니
덩달아 모두 모두 울기 시작합니다

일단 티슈를 건네며
실컷 울게 하였습니다
본인 혼자만의 고민은 아니니

그래도 칭찬 받았던 순간을
기억해보자 요청하니

늘 정맥주사를 실패하여
마음이 무거웠는데
그날은 한 번에 성공했고

옆에서 지켜보던 선배가
"음~ 이제 감이 오는군!"이라고
감탄해주었다고 합니다
그 순간은 얼른 정리를 해야 해서
감사인사도 제대로 못했는데

집에 들어가
자려고 침대에 누우니
갑자기
"감이 오는군!! 감이 오는군!!"이라는 말이
마구 날라 들어오며
기분이 좋아져서
하늘로 날라 갈 것 같았다고 합니다

믹스커피의 매력

지금은 한 집 걸러 한 집으로
화려한 카페들이 줄을 서고
원두커피가 아닌
믹스커피를 찾으면
왠지 촌스러워지는 시대지만

가끔은
믹스커피의 향긋한 맛이 그립습니다

나의 젊은 시절과 함께 살면서
삶의 따뜻함과 달달함을
선물해주었던 믹스커피

어느 교육장에 가도,
어느 병동에 가도,
어느 사무실에서도,
누구여도
반갑게 맞이해주던 믹스커피

환자 때문에 이리 뛰고 저리 뛰며
밥도 못 먹어 배에서 꼬르륵 소리가 날 때
잠깐 회의실로 뛰어 들어가
스틱 2개를 뜯어 한 컵에 붓고
미지근한 물에 휘휘 저어

후루룩 마시고 나올 때의 든든함

오래간만에 산을 올랐는데
비는 추적추적 내리고
다리는 아파오고
배는 엄청 고프고
그래도 참으며 정상에 올라
스틱 하나를 따끈한 물에 타서 마시면
온몸으로 퍼지던 따뜻한 기운

힘겹게 수술을 마치고
간호사실에 엎드려 잠을 청하는 전공의를
무슨 일이 있어도 깨워서
다음 날 환자에게 필요한 처방을 받기 위해
믹스커피 한 잔 타서
코 밑에 밀어 넣고
정신 차려야 한다고 흔들어 깨우는
마약 같은 서비스

화려한 옷을 입은 원두커피에
지금은 밀려났지만
나의 젊은 시절을 함께 해 준 믹스커피가
가끔은 간절하게 그리워집니다

4부

중환자실 다이어리

중환자실 앞에서

중환자실 안내표지판 앞에
바닥에 아무것도 깔지 않은 채
무릎을 꿇고
아주머니 한 분이
간절한 기도를 올리고 있습니다

남편인지
자식인지
아니면 부모인지 알 수는 없으나
분명한 건
지금 간절한 마음으로
기도를 드릴 수밖에 없는 상황으로
가족 중 누군가가 중환자실에서
생사를 헤매고 있는 것이 분명합니다

나는 복도를 오가며
다른 사람들과 인사도 나누고
업무 이야기도 하고
밥도 먹으러 다녀왔는데

그 아주머니는
꼼짝도 하지 않고
몇 시간째
같은 곳에서

같은 모습으로
하늘에 기도를 올리고 있습니다

어떻게든 살려달라고
지금 그 답을 듣지 않으면
절대로 움직일 수 없다고
간절한 마음을 보내고 있습니다

하나님
지금 듣고 계신거죠?

병원 얘기 금지

병동간호사들과
공부하고
저녁 먹고
차를 마시러 왔습니다

누구랄 것도 없이
오늘 만난 진상환자 얘기를 시작합니다

모두가
함께 입을 모아
그동안의 경험을
던져놓습니다

한참을 이야기하다가
분위기가 너무 고조되는가 싶었는지
누군가가 제안을 합니다
병원 얘기 하지 말자고
지금부터 먼저 꺼내는 사람이
오천원 벌금을 내자고

바로 한 목소리로
동의를 합니다
지금부터는 하지 말자고
그러더니
연예인 얘기

여행 얘기
아이들 얘기
시댁 얘기
엄청난 얘기를 쏟아놓다가

불현듯 "그런데 아까 병원에서…"라고
시작하는 목소리가 들립니다
그랬더니 일제히
오천원을 내라고 소리를 높입니다.
"아니야, 나 아직 안했어."
라고 손사래를 치더니만

금새 "아니야, 나 만원 낼게.
만원 내고 실컷 얘기해야
오늘 집에 가서 잠을 잘 것 같아." 하며
만 원 짜리 한 장을 꺼내놓습니다

그랬더니 누군가가 받아칩니다
"그래 그래.
얘기 다해 봐.
속이 문드러지느니
얘기 다하고 좀 편히 자야지."

모두들 깔깔깔 웃어댑니다
간호사들은 어쩔 수 없다고…

가슴에 남아있는 선배

간호사 초년병일 때
혈관주사 라인을 확보하는 것은
정말 가슴 떨리는 일입니다

간호사 가운을 입고
환자에게 가면
혈관주사 라인을 착착 잡아줄 것이라고
기대하니까요

정말 어려웠습니다
바늘이 혈관벽을 뚫고 들어가는 느낌을 느껴야
시작이라는 얘기를 들었기 때문에
그 감을 가진 선배가
하늘처럼 느껴지기도 했으니까요

소아환자의
가느다란 혈관을
바로 바로 잡아내는 선배는
거의 신적 존재로 여겨졌습니다

아직 감이 오질 않아
실패를 하면
"간호사 자격증은 있어요?"라고
환자들이 비아냥거리기도 하니까요

중환들이 몰려오고
혈관주사 라인이 필요한 환자는
숙제처럼 쌓이고

그래도 내가 담당한 환자는
내가 해결해야하기 때문에
혈관주사 라인을 확보하기 위해
떨리는 손으로 환자에게 다가갑니다
혈관도 전혀 보이지 않습니다
겁이 덜컥 났지만
혈관을 찾아보기 위해 애를 써봅니다

그런데
언제 왔는지
선배님이 조용히 내 곁에 오시더니
슬쩍 다른 환자를 위한 업무를 지시하면서
혈관주사 라인을 얼른 잡아주었습니다

정리를 하고 나오는데
'어려운 환자는 미리 부탁해도 돼.
혈관이 좋은 환자들 먼저 하다보면
점점 손기술이 좋아질거야.'라고 말하며 웃어주었습니다

선배님 덕분에

이제는 저도
주사바늘을 던지기만 해도
혈관으로 들어가는 경지에 올랐습니다

감사합니다, 선배님!!

닮고 싶은 선배간호사

선배간호사는
가장 중증도가 높은 환자를 담당하였습니다

수술 후
의식이 깨어나지 않던 환자가
며칠 후 의식이 깨더니
급속도로 회복이 되었습니다
앉아서 식사를 할 수 있을 정도로

바쁜 와중에 환자 식사시간이 되었고
반찬으로 조기가 나왔습니다
이런 반찬은 환자가 가시를 발라 먹기에는
어려운 상황이어서
보호자에게 도움을 요청하기도 하는데
요청도 하지 않고…

안그래도
함께 담당한 다른 환자들이
분초를 다투며
많은 시술을 하고 있는 상황인데

어느새
환자 곁에 가서
조기를 발라 입에 넣어주며

환하게 웃고 있습니다
환자에게 힘내라며
응원도 하면서

정작 본인은 끼니도 거르고
이리 저리 날아다니며
그 모든 일을 완벽하게 소화해내고 있습니다

오늘 일이 끝나고 나면
선배님에게
맛있는 김밥과 떡볶이를 사드려야겠습니다

CPCR Code Blue

바쁜 걸음으로
환자 바이탈 체크하고
약물 투여하고
검사 보내고
시술 보내고
수술 보내고

어느새 밥 먹을 시간이 되어
후배들 챙기고
겨우 식당에 도착

급하게 밥을 뜨고
자리에 앉아
숟가락을 드는 순간

CPCR 방송이 나옵니다

어?
하필이면 우리병동

무조건
식판을 퇴식구에 던지고
뛰어 올라갑니다

후배들끼리
심폐소생술을 무사히 하기에는
너무 부담이 클 것 같아

밥을 먹고 앉아 있느니
빨리 달려가
일을 해결하는 것이
훨씬 마음이 편하기 때문입니다

오늘은 업무 끝나고
맛있는 거 사먹어야겠습니다

존경하는 선배 간호사

인공호흡기를 걸고
지속적신장대체요법(CRRT) 기계를 달고 있는
중환 세 명을
8시간 안에 안전하게 보려면
일의 경중을
동물적 감각으로 정리하여야 합니다

더군다나
임종이 가까운 환자는
기본적인 간호 뿐만 아니라
마음을 읽어주는 일을 더 해야 합니다

나는
지금 눈앞에 있는 일들을 처리하기도
급급한데
선배는 동에 번쩍 서에 번쩍하며
중환자 간호 뿐만 아니라
임종환자에게 다가가
의식이 있는 환자와 대화하듯
상황 상황을 설명하며
가래도 뽑아주고
대변도 닦아주고
관급식도 달아주고
위로까지 해주고 있습니다

이 끝도 없는 일을 다 해내는 열정으로
임종환자에게 한 번 더 다가가
불편함은 없는지 살피며
어느새 얼굴을 닦아주고 있는 것을 보면

우리병원이 건재할 수 있는 이유를
나는 분명하게 말 할 수 있습니다
바로 저 선배간호사가 있기 때문이라고

환타

출근만 하면
고요했던 병동을
시끌벅적하게 만드는
간호사가 있습니다

일명 '환타'
환자를 엄청나게 탄다는 뜻입니다

일복이 하도 많아서
스케줄 표만 나오면
같은 조에 근무하게 되는지
모두가 관심을 갖게 됩니다

그 간호사가 출근하기만 하면

조용히 있던 환자가
섬망 증상이 생겨
난동을 부리거나

안정적이던 환자가
심폐소생술을 하게 되거나

아무 일도 없던 환자가
출혈이 발생하여
응급수술을 들어가기도 합니다

그런데 어느 날
밤새 근무를 함께 했는데
평소와 다르게
아무 일도 생기지 않았습니다

머리 수술을 받고
늦게 병실로 올라 온 환자가
밤새 평안히 잘 자고 있었으니까요

그래서 동이 틀 무렵까지
아무 일도 일어나지 않은 것에 감사하며
이렇게 조용한 날이 없었다고
얘기하고 있는데

아뿔사 어디선가
도와달라는 애절한 목소리가 들렸습니다

머리 수술을 받은 환자가
발작 증상이 생겨
콧줄로 산소를 주려고 했는데
본인의 목을 조여 죽이려 한다고 착각하여
사람들을 때리고 발로 차는 등
과격한 행동을 했습니다
4명의 간호사가 다 붙어서
말려보지만 아무 소용이 없습니다

마구 욕을 하기도 합니다

건장한 안전원 3명이
도착하고 나서야
진정이 되어 약을 주고 잠이 들었습니다

웬일인가 했습니다
'환타'라고 불리는 별명을
이제 뗄 수 있을거라고
얘기했던 입이 방정이었던 것 같습니다

아침에 출근한
동료들에게 인계를 주며
거의 정신이 나간 것 같습니다
침대가 있으면 눕혀야 할 것 같습니다

집에 들어가기 전
따끈한 국밥 한 그릇 사주고
보내야 할 것 같습니다

면회 준비

출근하면
밤사이 환자에게 있었던
일들을 인계 받고
숨 쉴 수도 없이
빛의 속도로 많은 일들을 해내야 합니다

목이 말라도
화장실을 가고 싶어도
죽을 만큼이 아니면
잠깐 미뤄둬야 합니다

그런 중에도
보호자의 면회 시간은 다가오고

바쁘다는 이유로
환자의 시트가 정리되어 있지 않거나
콩만큼이라도 환의에 무엇이든 묻어 있으면
제대로 치료 받지 못하거나
학대를 받는 것은 아닐까 염려하는 보호자들이 많으니

아무리 바빠도 면회 준비는 필수

환자의 자리를 펴고
환의를 제대로 입히고

머리를 가지런히 빗기거나 묶고
시원하게 가래도 뽑아드리고
주변 정돈을 말끔히 해놓습니다

그러고는
알아듣지도 못하는 환자에게 설명합니다
우리의 미션은 면회 오는 보호자들이
안심하고 돌아가셔야 하는 것이라고
그리고 환자를 향해 손을 번쩍 들고
파이팅을 외쳐봅니다

열정의 손

중환자실은
원하지 않아도
셀 수 없이 많이 손을 씻게 됩니다
그래서 간단한 행위를 하게 되면
알콜젤로 닦고 일을 하는데

알콜젤 알레르기로 고생하는
간호사들이 꼭 있습니다
처음에는 가렵기만 했다가
벌겋게 부어오르기도 하고
심할 때는 쩍쩍 갈라지기까지 합니다
시간이 반복되면
거북이 등가죽처럼 바뀌게 되는데

같이 저녁을 먹다가
너무 안타까워
손을 조금 덜 씻어도 되는 부서로
옮기라했더니
중환자실에서 환자를 간호하는 일이
천직이라며
그 고생을 마다하지 않고
기꺼이 받아내고 있습니다

그러면서 내내 환자 얘기만 합니다

어느 순간 잊을 만도 한데
아니, 잊어도 되는데

온 에너지를 환자에게 주고 있는 후배를 위해
하늘나라 상금이 꽉꽉 쌓여있으면 좋겠습니다

중환자실 다이어리 1

예쁜 노트를 준비하고
표지에 환자의 이름 석자를
기도하는 마음으로 적습니다

그리고 매일 매일의
이벤트를 기록으로 남깁니다

의식이 없는 환자가
깨어났을 때 볼 수 있게 하고

면회시간만으로 환자를 만나는
보호자들이 환자의 변화를 알 수 있도록

환자의 상태 변화와
의식이 깨어났을 때의 상황과
인공호흡기를 단 채 침대에 걸터앉은 모습을
사진으로 찍어 노트에 붙이고
메시지 몇 줄 적어
보호자에게 보여주면
보호자는 믿을 수 없다며
펄펄 뛰며 좋아합니다

또
환자가 의식이 없을 때…

보호자가 방문하여 남긴
사랑의 메세지나
응원의 메시지를
소중하게 기록해둡니다
그리고 환자가 깨어났을 때 읽어주면
감격의 눈물을 주르륵 흘리기도 합니다

그 소박한 일상들을
기록하며
우리가 더 감동을 받고 있다는 사실을 알게됩니다

도움의 손길이 없으면
절대로 연결될 수 없는
소소한 스토리를
우리가 쓰고 있기 때문이겠지요

작은 노력이지만
엄청난 감동의 물결들이
출렁이고 있는 현장을
온몸으로 경험하고 있습니다

중환자실 다이어리 2

의식이 없이
인공호흡기 치료를 받고 있는
환자의 모습을
뭐가 좋다고
사진을 남기려하느냐 하겠지만

그래도 용기를 내어
사진을 찍어
예쁜 노트에 붙이고,
응원의 메세지와
소소한 변화를
일기로 적어

회복하여 중환자실을 나가게 될 때
선물로 주었는데

그 일기장에
이후의 삶의 일상을
꼼꼼이 적어서
들고 온 환자가 있습니다

그 일기장이 뭐라고
신주단지 모시듯
들고 다니며

만나는 이들에게
자랑을 한다고 합니다

중환자실에서 힘든 시간을 보내고
지금은 건강해졌다고
새로운 삶을 살고 있노라고

먼저 길을 떠난 후배간호사

그녀를 보내고 왔습니다
유난히 눈이 크고
생머리가 잘 어울리고
늘씬하게 키도 컸던 그녀

유방암이 재발되어
이제 더 이상 일을 할 수 없게 되었는데도
하루를 이틀처럼 살며
아픈 몸을 돌보지 않고
통역봉사, 신환동행서비스 등을 하며
나눔을 실천하였습니다

온몸에 암세포가 퍼지는 순간에
이제는 가야함을 알았을까
혼자서 임종을 맞이할 병원을 알아보고
그곳을 찾아가 입원하였습니다

그리고는 온통 가족 걱정뿐이었습니다

본인을 위한 것은
수의를 입힐 때
반드시 환의와 중환자실 작업복을 입혀 달라는
부탁만을 했을 뿐

병원이 너무 좋아

병원에서 일한 것이 너무 행복했던 그녀는
죽어서도 병원의 흔적을 묻히고 싶었던 것 같습니다

빈소에 찾아오는 사람들을 보니
결코 그녀는 외롭지 않았던 것 같습니다
그러면서 모두가 하는 말이
남이 100만큼 일하면
본인은 200을 했어야 편안해 해서
주변 동료들이 안타까워했노라고… ㅠㅠ

그래도 그렇게 살아온 자기 생을
절대로 후회하지 않는다고 하였답니다
항암치료를 받으며 일할 때도
측은하게 여기는 눈빛이
자신을 더 힘들게 만들었다며
정말 후회 없이 살았노라고 했더랍니다

이제 우리를 떠나 도착하는 그곳에서는
너무 열심히 일하지 말고
조금씩 쉬어가며 살기를 바랍니다

사계절이 바뀌는 것도 충분히 느끼고
길거리에 스물 스물 올라오는 들꽃들도 마주하며
엄마의 손을 잡은 아가들과 대화도 하며
그렇게 순간을 즐길 수 있기를 기도합니다

초년병 인턴

이제 막 의대를 졸업하고
환자를 맡아 진료를 해야 하는 상황이
얼마나 힘들까 싶습니다

그래서인지
온몸이 긴장하고 있습니다

커피 한 잔 마시라 해도
빵 하나 먹으라 해도
긴장한 모습이
풀어지지 않습니다

회진이 시작되고
선배 교수가
환자를 보다가
목 상태를 관찰하기 위해
인턴을 바라보고
'설압자'를 가져 오라고 했습니다

즉시 어디론가
달려가더니
다시 와서는
머리를 긁적이며
"교수님!!
죄송합니다.
서랍에 자가 없습니다." 합니다

병원이라는 바다

피래미 인턴이
온 병동을 휘저어놓고 있습니다

그 물이 맑아지는데는
너무 많은 시간이 필요한데

주변의
모든 사람이 힘들어 합니다
간호사도
환자도
보호자도

한 달을
그렇게 살고 떠나더니

몇 년이 지난 뒤
임상강사가 되어
다시 나타났습니다

근엄해 보이려 노력하고 있지만
긴박한 상황이 되면
본성을 드러내어
주변의 모든 이들이
아우성입니다

간간히
간호사들의
등을 치기도 하는
고래가 되었습니다

멋진 의사

응급실에서 전화가 왔습니다
심장문제도 심각하고
호흡도 불안정하여
인공기도 삽관을 한 상태이며
간경화도 있으면서
신장투석을 응급으로 해야 한다고

발빠르게
환자가 입원하면
검사며 시술이 진행될 수 있도록
물품준비는 해두었습니다

잠시 후
환자가 입원하였고
누구랄 것도 없이
인공호흡기 준비부터
신장투석기를 돌릴 수 있는 중심정맥관 삽입까지
완벽하게 준비완료하였습니다

환자 정리가 끝나
보호자가 면회를 하고 나서는
편안하게 호흡하고 있는 환자를 보고
감사하다는 인사를
여러 차례 담당의에게 합니다

그 말을 들은 담당의는
손사래를 치며
"저 혼자 한 것이 아닙니다
함께 일하는 간호사님들이
저를 도와주셔서 가능한 일입니다."
라고 해맑게 웃고 있습니다

"아니예요,
우리의 당연한 일이고
선생님과 함께 있어서 더 힘이 났습니다
우리를 응원해주시니 감사합니다!!"

50대 의사

머리는 희끗희끗하지만
자세히 보면
아직은 팽팽한 피부의
50대 의사

10년째
병원에 다니고 있는 환자가
진지하게 말합니다

"교수님은 어쩌면
이렇게 변함이 없으세유?
제가 10년 전부터 뵈었는데
하나도 늙지 않으셨네유."

의사는 겸연쩍은 듯
머리를 긁적이며
"감사합니다!"
인사를 합니다

환자가 이어서 하는 말
"교수님!!
그래도 환갑은 넘으셨쥬?"

못난 의사

실력이 없을수록
상황판단이 안될수록
큰소리를 내고
신경질을 부립니다

그냥 조금 솔직하면 안되나?
어떤 상황인지
무엇을 도와야하는지
우리는 다 알고 있어서
도움을 요청하면 언제든지 도와줄 수 있는데

알량한 자존심 때문에
도와달라고도 못하고
소리를 지르며
엠한 트집만 잡고 있습니다

순간 선배님이 친절한 얼굴로 다가오더니
의사가 원하는 일이 무엇인지
한 번 더 얘기해달라고 요청합니다
은근슬쩍 해야 할 일을 말할 수 있게
단어를 던져줍니다

"네, 맞아요.
그거를 원하는 거예요."

그 답을 말하기가 무에 그리 어렵다고

흥!

이상한 회의

어느 순간부터
질문이 사라졌습니다

새로운 프로젝트를 시작할 때는
정답을 찾기 위해
많은 질문을 주고받으며
방향을 잡아가야 하는데
질문하는 사람이
이상해지는 회의가 되어버렸습니다

언제부터인지
토론이 사라졌습니다

매일 매일 발생하는
다양한 문제점을 개선해 가려면
서로의 생각을 나누고
합일점을 찾기 위해
하고픈 이야기들을
마음껏 할 수 있어야 하는데
그 분의 생각만이 중요하게 여겨지는
이상한 회의가 되어버렸습니다

제일 미운 보호자

중환자실 면회시간

키는 자그마하지만
입은 다부지게 다문 할머니가
전투 자세로 여러 보호자들과 섞여 들어오고 있습니다
오늘은 또 어떤 내용으로 트집을 잡을까 걱정이 앞서지만
그래도 날마다 부딪혀야 하는 일이니 기꺼이 맞서리라 생각하며
할머니를 지켜보고 있었습니다

역시나 담당간호사는 할머니 앞에서
얼굴을 붉히며 무어라 열심히 설명하고 있는데
할머니의 요구는 끝이 없는 듯합니다

37세에 결혼도 하지 않은 채
심한 간성혼수가 생겨 간이식을 받은
환자의 어머니 보호자를
모두가 매우 부담스러워했습니다
집착이다 싶을 정도로 딸에게 매달리는 엄마의 모습이
너무 무섭다고 느껴졌기 때문입니다

환자의 상태가 점점 나빠지면서
더 이상의 치료는 무의미하다고 판단하여
모든 의료진이 더 이상 아무 것도 하지 않기로 결정하였는데
환자의 엄마가 안된다며

할 수 있는 모든 것을 해달라 하여
치료를 계속하였습니다

그런데 정말 기적 같은 일이 생겨
점점 상태가 좋아지고
말도 할 수 있으며
잠깐씩 운동도 할 수 있을 정도로 좋아졌습니다

기대하지 않았던 주치의도 너무 기뻐하며
환자를 한 번 더 돌아보는 상황인데
보호자인 할머니는 끊임없이
본인이 함께 있어야만 환자를 살릴 수 있다는 생각으로
모든 것을 간섭하려 합니다

한 번도 빼놓지 않고
면회시간마다
수건을 따뜻하게 빨아서 얼굴과 손과 발을 닦이고는
머리를 곱게 빗겨서 머리를 단정하게 땋아주었습니다

우리들은 잘 압니다.
환자를 살린 것은 의술이 아니라 어머니의 정성이었다는 것을

그래서 오늘은 마음을 작정하고
보호자와 대화를 했습니다.

그러자 마치 대화를 기다려 온 사람처럼
술술술 얘기를 풀어놓았습니다

딸의 치료비로
가지고 있던 집을 팔았고
이제는 아무것도 남은 것이 없다는 것입니다
당장 퇴원을 하면 기숙할 집도 없다고 하였습니다

그래도 딸이 살아 있어서 너무 좋다며
함박웃음을 웃으시는 할머니가
너무 안스러웠습니다

아니, 존경스러웠다고 하는 것이 맞을 것 같습니다

5부
삶의 길목에서

삶

사람을 좋아하고
사람을 사랑하고
사람을 믿고
또박또박 시간은 흐르고

사람은 떠나가고
사람은 지나가고
사람은 눈을 감고
또박또박 시간은 흐르고

행복이란 놈

행복이란 놈이
살짝 문 열고 행복을 두고 갔습니다
너무나 살짝 두고 가서
행복이 왔다 갔다는 사실을
전혀 의식하지 못했습니다

여느 때처럼
이리 치이고 저리 치이며 살다가
잠깐 내 삶에서 나가려고 하는데
문 앞에 무언가가 보였습니다

우와, 행복이란 놈이
살짝 두고 간 행복이
문 앞에서 자기를 보아주기를 간절히 바라며
저를 기다리고 있었던 것입니다

그래서 그 행복을
제 방으로 들여 놓기로 결정하였습니다
그랬더니 그 행복이란 놈이 자꾸
말을 걸어옵니다
밥 먹을 때도
차를 마실 때도
책을 읽을 때도

그래서 그 행복이라는 놈과
동침을 하기로 하였습니다
특별한 자리도 필요 없다고 합니다
그저 자기를 자꾸만 봐달라고만 합니다

그래서 그렇게 하기로 결정하였습니다.

지친 삶

삶 속에서
이 잔을 옮겨주옵소서
전 당신이 아니기에
쓴 잔을 그대로 마시고 나면
더 이상 일어서지 못할 것입니다

힘이 없습니다
늦은 밤
집으로 돌아 갈 힘도,
씻을 힘도
엎드릴 힘도 없습니다

그냥
며칠 잠을 자고 싶습니다

그러고나서
맑게 깨어날 수 있으면 좋겠습니다

인간관계

사람을 기대하고
사람을 사랑하고

그 때문에 기뻐하고
그 때문에 살아가고

하늘이여!
사람을 좋아 할 수 있는 마음을
사람을 사랑 할 수 있는 마음을
거두어 가지 말아 주소서

늘 만나는 이들을 좋아하지 않으면
사랑하지 않으면
기쁨으로 나아가기가
매우 어렵다는 것을
새삼 또 느낍니다

원수도 사랑하라구요

그건 너무 이기적인 요구라는 생각입니다
도리를 저버리는 일이 아니라면
좀 허락해 주시면 안될까요

정말 그래야 한다면

저에게
해낼 수 있는
에너지를 주시기 바랍니다

해야 할 일이 너무 많습니다

어떻게 죽을 것인가

언젠가는 반드시
혼자 설 수 없는 순간이 찾아 올 것입니다
반드시

모든 것이 허물어질 것입니다
언젠가는

그런데 아직도 생각은
죽음이 절대로 오지 않을 것이라 생각하게 됩니다
지금은 건강하니까

아니지
서서히 약에 의지하며
건강을 유지하고 있으면서도
사지가 멀쩡하고

기억력이 다소 떨어져도
생각은 하고 살고 있으니
나하고는 거리가 먼 일이라 여기고 있습니다

정년퇴임 후에
일을 하고 싶어도 자리가 없거나
일을 할만한 건강이 유지되지 않으면
결국 삶에 대한 주도권을

잃고 말 것입니다.
그동안은 온 세상을 쥔 듯 살았는데

누구나 마지막까지 가치 있는 삶을
살고 싶어 하겠지요
죽음이 곧 다가오는 순간이어도
그 순간도 가장 존엄한 모습으로
맞이하고 싶어할 것입니다

그 순간을 잘 보내기 위해서라도
나의 마지막 때에 대한 얘기를
해두어야 하겠습니다

누구도 두려워 할 순간이지만
꼭 나누어야하는 이야기들이고
반드시 해두어야만 합니다

내 인생의 끝이 오고 있다는 것을
꼭 받아들여야 합니다

생명의 양식

하나님께서 내려주시는
만나를
아무 노력하지 않고도 얻을 수 있어서
그 만나가 얼마나
귀한 것인지 몰랐습니다

오히려
더 가져보려고
하루 양식 보다 더 많이
항아리에 담았습니다
내일이 걱정 되어서

그런데
영락없이
만나는 썩어서
더 이상은 먹을 수가 없었습니다

하나님께서 내려주시는
생명의 양식은
하루를 살 수 있도록
은혜로 주시는 것인데
마치 내가 노력하여 얻은 것처럼
다 내 것으로 만들고 싶었습니다

더 이상은
필요하지 않다고
내일 또 하나님께서
만나를 내려줄 것이라고
수백 번도 더
보여 주셨는데

오늘도
만나를 항아리에
가득 가득 담으려는
저를 발견하였습니다

하나님께서 내려주시는
하늘의 양식을
욕심 내리고
감사로 받을 수 있기를
간절히 소망합니다

드라마 - 눈이 부시게

드라마가 저를 또 울립니다

아버지를 살리기 위해
시계를 거꾸로 돌린 이후
25세 예쁜 아가씨가
하루아침에 할머니로
변해 버린 상황을 마주하며

나의 시간도
그렇게 빠른 속도로
흘러 버린 느낌이었습니다

하지만 알쯔하이머를 앓고 있는
할머니의 시계는

권력에 힘없이 짓밟힌
소시민의 아픔이었고
행복했어야 하는 일상을 빼앗긴
우리 가족들의 시간이었습니다

누구에게서도 일상의 행복을 앗아간
파렴치한 권력은
절대로 허용되지 말아야 한다는 것을
아픔으로 경험하게 되었습니다

할머니의 마음과 생각은
가장 행복하고 찬란했을 시간에 멈추어
모든 것을 품어주며 용서하고 있었습니다

그러면서
나의 마음을 보고 있었습니다

마음은 늘 20대에 머물러
달리고 싶고
먹고 싶고
웃고 싶은데…

어느새
그 20대가 한없이 부러워서
보고 있기만 해도
그 세상으로 뛰어들고 싶습니다

어쩌면 세월은
시간에 맞춰 흘러가지만

나의 마음은
가장 행복했고
가장 열정적이고
가장 뜨거웠던 순간으로

찾아 들어가
그 시간에 머물며

사랑하는 이도 만나고
보고 싶은 친구도 만나고
하고 싶은 일을
하고 있는지도 모르겠습니다

그래서
다시 맞이하는 아침은
정말 눈이 부시게 아름답고
감사한 마음입니다

누구보다 아픈 역사를 살아 온
혜자 할머니에게
위로 받는 시간이었습니다

영화 - 안녕 헤이즐

사랑하는 이들과의 이별은
언제여도 너무나 큰 고통입니다

그래서 인간은
얼마나 길게 사느냐가 중요한 것이 아니라
얼마나 현재에 충실하게 사느냐가 중요함을
다시 깨닫습니다

짧은 시간을 약속 받은
시한부 인생이라 할지라도

주어진 시간을
충분히 활용하고,
사랑하고픈 이를
마음껏 사랑하고,
주변 사람들과
정성을 다해 소통하고

매 시간을
꼭 꼭 누르고 채워서
짧은 시간 순간순간마다
의미를 담는 것이
더 소중한 것을

그럼에도
그렇게 하지 못하는 이유는

우리는 영원을 소망하며
항상 내일이 있을 것이라
믿고 싶기 때문일 것입니다

'참을 수 없는 존재의 가벼움'을 읽고

나의 직업
나의 가족
나의 영역에 있는 모든 사람들

나의 일
나의 의무
나의 가치를 의식하게 하는 모든 움직임

모든 것이
나의 삶의 무게로 느껴지고
그 무게를 감당하기가 너무 힘든 순간들이 있습니다

하지만 신기하게도
그 모든 순간에
'사랑'이 시작되면
짓눌려 있던 무게가 다 사라져버립니다

아무리 멀어도 멀지 않으며
아무리 피곤해도 피곤하지 않으며
아무리 고통스러워도 고통스럽지 않으며
모든 생의 무게가
온몸에서 사라짐을 느끼게 됩니다

사랑이 시작되는 그 순간부터

두고 간 마음

회의를 간 사이에

후배가
책상 위에

책 한권과
삶은 달걀 꾸러미를 두고 갔습니다

새로운 자리에서
적응 잘하고 있느냐는 인사와 함께

본인도 자리를 이동하여
정신없이 보냈을 1년인데
정작 마음을 묻지도 못했는데

두고 간 깜짝 선물 때문에
마음이 따뜻해지고
간질간질한 느낌이
온몸을 타고
발끝까지 퍼졌습니다

이번 추위는
전혀 문제가 되지 않을 것 같은
느낌이 막 밀려옵니다

부자 친구

부자 친구가 가끔씩 만나자고 합니다
매번 큰돈을 쓰는 것 같아
이번에는 내가 쏘겠다고 하지만
즐거워서 하는 일이라며
항상 거절을 합니다

그러고는 가 본 곳 중에
아주 맛이 있었던 곳
정말 분위기가 좋았던 곳
꼭 보여주고 싶었던 곳
주인장이 맘에 쏙 드는 곳
옛 추억이 생각나는 곳으로
이유도 너무 다양하게 자리를 만들어줍니다

그래서 가게 되는 곳은
분위기 있는 째즈음악이 스크린을 누비는 곳
넓은 홀에 우리만 덩그러니 있게 되는 곳
파란 잔디밭에 예쁜 꽃이 활짝 핀 곳
좁디좁아도 음식 맛이 최고인 곳
계곡을 넘어 굽이굽이 산중턱에 있는 곳
노을이 멋지게 넘어가는 강이 있는 곳
수영장에 동그란 전등이 환하게 띄어져 있는 곳
옥상에 있는 천막에 비 떨어지는 소리가 들리는 곳
정말 셀 수도 없을 만큼 많은 곳에서

정성을 다해 극진히 대접해줍니다
늘 나만 생각하고 있었던 사람처럼

때로는 매력적인 사업가 친구를 소개시켜주기도 하고
초등학교 때 여자 친구를 소개시켜주기도 하고
객석에서 떨리는 가슴으로 바라보았던
발레리노를 소개시켜주기도 하고
수더분한 농장 주인을 소개시켜주기도 하며

참 많은 사람들에게
나를 너무 귀한 사람인 것처럼 소개해줍니다
몸 둘 바를 모르도록

늘 진심이 묻어나는 초대이기에
언제나 기쁘게 달려가게 되는 것 같습니다

하여 내가 할 수 있는 유일한 보답은
하나님께 기도드리는 것뿐입니다
늘 건강하여서
그 따뜻한 마음 마음껏 나누며 살 수 있게 해달라고

묵은지닭볶음탕집 사장님

김치와 닭을 섞어 만든
닭볶음탕이 맛있다고 하여
찾아간 식당

닭이 김치를 만나
이렇게 매력적인 맛을 낼 수 있다니
그 속에 몰래 숨어 있는
노오란 햇감자 조각이
입 속으로 들어오면
씹히는 부드러운 맛이
어릴 때 먹던 그리운 감자 맛으로
추억을 부릅니다

남은 국물에
밥과 김과 열무를 넣어
볶아주는 볶음밥이
맛의 정점을 찍습니다
밥을 먹으며 이렇게 행복할 수 있을까요

곁들여 먹는 반찬도
집에서 먹는 순수한 맛이
그대로 전달됩니다

산전수전 공중전까지 겪은 사장님은

입이 매우 걸게 느껴집니다
아우라가 모든 상황을 압도합니다

그래서 손맛이 진국인 것 같습니다
들기름에 살짝 볶아낸 김치,
고추장을 살짝 묻혀 졸인 오징어채,
꽈리고추와 잔멸치를 섞은 간장조림,
살짝 익은 파김치

한 입 한 입 먹을 때마다
엄마밥 먹는 것 같아 참 좋습니다

선물

후배가 막 달려와서는
숨을 몰아쉬며
책상 앞에 앉더니
가운주머니를 뒤적거려
꼬물꼬물 무언가를 꺼내놓습니다

어머나

콩나물 볼펜 두 자루와
날씬한 당근 샤프 한 자루
그리고 뚱뚱한 당근 지우개 한개

와우 정말 이뽑니다

얼른 두껑을 열어
백지에 싸인을 해보았습니다
어쩜 펜이 움직이는 선도 이렇게 부드러울까요

연필통에 꽂아놓고
아침에도 보고 웃고
점심에도 보고
미소 짓고
눈에 띌 때마다
기분이 마구 좋아집니다

Me Too

이 나라의 지성들이
무너지고 있습니다
아니, 이 나라에는
진정한 지성이 없었는지도 모릅니다

많이 배워
사리분별력을 가지고
어려운 이웃들을 도와주라고
쥐어준 권력을
아낌없이 힘없는 사람들을
짓밟는 일에 사용하였습니다

누구랄 것도 없이
어찌 보면
선배가 그랬었고
동료가 그랬기 때문에
당연한 것으로 여겼을 것입니다

부끄러움은 잠깐!
보이는 사람마다
다 같은 행동을 했다면
그 부끄러움은
대범하지 못한 졸부나 느끼는
사사로움이라고

스스로를 위로했을지도 모르겠습니다

하나님
남의 눈에 있는 티는 왜 이리도
선명하게 잘 보이는 건가요?
그럴수록 내 눈의 들보는
투명하여
크기와 관계없이
점점 안 보이다가
전혀 나와는 상관없는 일이 되어버리곤 합니다

지식이 쌓일수록
삶의 철학도 쌓이고
단단한 정신세계가 구축되어
어떠한 바람에도 흔들리지 않는
진정한 이 땅의 지성이 되기를
간절히 바래봅니다

어렸을 때 엄마가
'공부해서 남주냐?'라고
수도 없이 말씀하셨는데
지금 와 생각하니
그 말이 맞았던 것이지요
엄청난 의미가 숨겨져 있었던 것입니다

정말로
공부해서 남 줄 생각으로
준비되었어야 하는 것이었습니다

그런데
자신의 깊은 내면을 위해서도 아니고
순간의 쾌락을 위해서
그 모든 권력을 쓰고 있다는 사실을
알지도 못했습니다

잘못 닦여진 지성이
얼마나 큰 파장을 일으킬 수 있으며
얼마나 많은 희생을 부르는지는
보이지도 느끼지도 못했습니다

어느 상조회사의 배신

자식과 연락이 끊긴 지
10년이 넘었고
남편도 폐암으로 세상을 떠났고

먹고 살길이 막막하여
폐지를 줍기 시작해서
하루하루 힘겹게 연명하며

죽은 뒤
시신을 수습해달라는 목적으로
상조회사에 가입했는데

마지막 길은
그래도 비참하고 싶지 않아
없는 돈 아껴 쓰며
수의와 몸 하나 누일 관
그리고 소박한 꽃장식과
장례 절차 비용으로
매월 8만원씩 부어
300만원을 거의 다 부어 가는데

갑자기
상조회사가 운영이 어려워져
문을 닫은 채

어디론가 증발해버렸고

"죽는건 두렵지 않아.
죽고 난 후에 누가 날 돌봐줄런지 걱정이지.
혼자 사는 내가 죽은 줄도 몰라서
버려질 것을 생각하면
가는 길도 너무 외로울 것 같아서
눈물만 나.
그래서 시신이라도 수습해달라고
상조회에 가입한건데…"

후배

나에게는
바보 같은 후배가 하나 있습니다
옳지 않은 일에는
어느 누가 얘기를 해도
단호하게 거절하여
스스로를 너무 외로운 곳에
보내버리고는
세상이 너무 이해 안된다고 외치는
고독한 바보입니다

나에게는
존경하는 후배가 하나 있습니다
어려운 일이 떨어져도
흔쾌히 받아내고는
어깨가 부서지고
머리가 터져나가도록 노력하여
결국 각을 맞추고
틀을 만들어
멋진 결과를 만들어 내는
누구도 따라잡을 수 없는
패기를 지닌
진정한 열정가입니다

나에게는
사랑하는 후배가 하나 있습니다

한 사람을 사랑하는 일이
죄짓는 일이 아닐텐데도
행여나 다칠까봐
자기 마음 문드러지는 것은
돌아볼 생각도 못하고
오로지 사랑하는 이를 위하여
직활강을 하는
사랑스러운 로맨티스트입니다

나에게는
바보 같지만
너무나 존경스럽고
사랑스러운 후배가 하나 있습니다
그래서 사는 맛을 알게 합니다

그리고 안타까운 눈으로
바라볼 수밖에 없는
내 자신을 자꾸 들여다보게 합니다

그래서인지
이제는 이 후배 하나만 있으면
마음 놓고 먼 길을 떠날 수 있을 것 같습니다

음악은

음악은
갑자기
길을 걷다 만난
소낙비와 같습니다

강하게 쏟아지는 물줄기에
피할 새도 없이
온몸이 흠뻑 젖게 되니까요

음악은
우연히
산책을 하다가 만난
가랑비와 같습니다

조용하게 서서히 다가와
젖는 줄도 모르게
온몸이 흠뻑 젖게 되니까요

음악은
벅찬 가슴으로 맞이하는
첫눈과 같습니다

하나
둘
떨어지는 눈송이가
온 세상을 하얗게 변화시키는 것처럼

음악이 있으니

내 삶에 음악이 있으니
세상이 온통
근심으로 가득 차도
나의 영혼이
즐거이 노래를 부릅니다

내 삶에 음악이 있으니
칠흑 같은 어둠이
세상을 덮을지라도
나의 영혼이
소망의 빛을 비출 수 있습니다

내 삶에 음악이 있으니
한 치 앞도 예측할 수 없는
풍랑이 몰려와도
흔들림 없이
우뚝 서 있을 수 있습니다

내 삶에
음악은
영혼을 소생시키는
샘물입니다

나의 노래

제 안에
선한 모양이
하나님의 마음이라면

저에게 주신
노래하는 달란트를
갈고 닦아
이웃에게
조금이라도
나누어 주는 노력을 하는 것이
마땅한 일입니다

땅에 묻어 두면
절대로 안되니까요

오늘도
노래하는 자리에 있게 하셨으니
저를
하나님의 도구로
사용하여 주시기 바랍니다

낯선 이웃이지만
우리의 노래를 통해
지친 삶을 내려놓고

잠시나마 쉴 수 있다면
우리의 노래에는
하나님의 마음과
치유의 힘이 실려 있음이 분명합니다

간호 업무를 마치며

혈기가 넘치던 젊은 시절에는
그렇게 떠나고 싶었던
간호현장을

세월이 흐르고
간호현장을 떠나야 하는 나이가 되니
어떤 환자도 품어낼 수 있고,
어떤 상황도 가벼운 유머로 넘길 수 있는
마음밭이 생겼습니다

삶과 죽음을 오가며
생명을 이어가는 환자들을 지켜 내는 것이
하늘이 허락한 소명이라 여겼습니다

그래서 매 순간
병마와 힘겹게 싸우는 환자 곁을 지키며
나의 소임을 다하기 위해 노력 했습니다

이제
간호현장에 남겨질
후배간호사들을 생각하면
치열했던 순간들이 떠올라
가슴이 먹먹해오지만

용기 내어 선택한
간호사로서의 길이
누군가의 삶에
따뜻한 스토리를 만들어 주는
소중한 특권을 선물 받은 것이라
말해주고 싶습니다